マッキンゼー流
入社1年目
ロジカルシンキングの
教科書

大嶋祥誉

SB Creative

講義の前に――

最初に、個人的なことをお話ししますが、私は「ロジカルシンキング（論理思考）」が大好きな人間ではありません。

どちらかといえば「直感」や「いい感じ」といった、自分の感覚を大事にするタイプだと思っています。

それなのに、なぜマッキンゼーという、世間のイメージではロジカルシンキングの権化のような場所で修業をして、そのあともコンサルタント、エグゼクティブ・コーチとして「ロジカルシンキング」とは切っても切れない仕事をしているのか。

自分でも不思議なのですが、その理由は、**マッキンゼーで体験した「ロジカルシンキング」が、すごくクリエイティブなもの**だったからだと思っています。

常に「自分なりの答え」「独自の知見」をつくり出そうとする姿勢は、クリエイティブな空気にあふれたラボのような印象でした。

〝ゼロ発想〟という言葉に象徴されるように、過去の経験や知見をもとにしながら、同時に、ときには無邪気なぐらいそれらに縛られず、「それ、いいね」とみんなを引き寄せるバリューのあるアウトプットを出すことが「当たり前」。

私が経験した「ロジカルシンキング」というのは、その人にしかできないクリエイティブな発想や仕事を生み出すためにあるものだったのです。

社会人になって最初に、その基本を叩き込まれたからこそ、私のように感覚的な人間でも「ロジカルシンキング」を身に付けたいと思ったわけです。

なぜなら「ロジカルシンキング」を武器にすれば、自分の思考がすごくスッキリしてクリエイティブな発想を生かすことができ、みんなに「それ、いいね」と賛同してもらえることが増えるのですから。

皆さんはどうでしょうか。「ロジカルシンキング」って、フレームワークだとか、なんとなく堅苦しいイメージで苦手。もしかしたら、そんなふうに感じている人もいるかもしれません。

難しい内容を「理路整然と聞かされる」ような印象もありそうです。

言っていることは正しいけれど、なんだかぐっとこない。

誰だって、そんなものと付き合いたくはないですよね。この本で、お伝えするのは、それとはまったく逆で、皆さんの魅力やバリューをアップさせるための思考術と行動です。

本当の「ロジカルシンキング」は、「それ、面白い！　どうやったらできるの？」と、相手が身を乗り出したくなるような提案や行動を生み出してくれるものなのです。

では早速、ちょっと考えさせられるケースを見ながら、「ロジカルシンキング」のオリエンテーションに入っていきましょう。

マッキンゼー流

入社1年目ロジカルシンキングの教科書

目次

講義の前に―― 1

オリエンテーション

女性が喜ぶプレゼントの落とし穴⁉ 11

クリティカルに考え、ロジカルに展開する 15

第1講義――論理思考は難しくない！ ロジシンの基礎講義

香りのしないコーヒー豆では人は振り向かない 24

そもそも「論理思考」は、なんの役に立つのか？ 29

論理思考と生まれつきの頭の良さは関係ない？ 32

仕事ができる人ほど、対人で「論理思考」を大切にする 36

私のこと（My Value）ではなく、私たちのこと（Our Value）にするために 39

本物の論理思考は、みんなの行動も変えてしまう……41
あらゆるビジネスで「論理思考」が必要になっている……43
本当は怖い「決め付け」の魔力……45
世の中をぜんぶロジカルに切り取ってみる……48
ゼロ発想を意識して生きる……53
なぜ「論理的」なだけではダメなのか……57

第2講義　クリティカルに考える　考えを深くするコツ

「知ってるつもり、わかっているつもり」から脱け出す……62
「相関関係」と「因果関係」を一緒にしない……66
毎朝バナナを食べると健康にいい？……69
当たり前のことを言わない……72
クリティカルな思考の3つの基本姿勢……74

クリティカルな思考を鍛える7つの習慣……84

第3講義 ロジカルに展開する わかりやすく伝える方法

説得力のない自分から卒業する……100
ロジカルにわかりやすく展開するときの3つのポイント……104
ピラミッドストラクチャーに展開する——頭の中を見渡そう……112
ピラミッドストラクチャーのつくり方……114
そもそも、なにからどう考えればいいのか……125
「演繹法」を使ってみる……126
まったく新しい思考をしたいとき……129
「帰納法」を使ってみる……132
なにから話せば説得力が出るのか……134
「大丈夫です」は、大丈夫ではない……138

第4講義　クリティカルに発想する　それ、いいね
みんなと同じ発想から脱け出す　144
自分以外の人になりきって考える　152
アイデアが出ないのは「論理思考を使っていない」から　157
独自のユニークな発想ほど、論理思考が大きな武器になる　159
第5講義　クリシン＋ロジシンで独創的な飛躍をする
論理的なだけでは食べていけない　168
「クリシン＋ロジシン」を鍛えるノート　171
新規事業が盛大にコケるのはなぜ？　176

自分の考えが「うまくいく」シナリオをつくる …… 178
シナリオ分析で「未来」を見に行く …… 179
もっと自由に、本当にやるべきことのために生きる …… 186
「論理思考」の穴も知っておく …… 188

講義のあとに―― …… 191

オリエンテーション

頭がいいのに、仕事もプライベートも
なぜか「うまくいかない」人がいるワケ

女性が喜ぶプレゼントの落とし穴!?

結婚3年目を迎える共働き30代のKさん夫婦。

広告会社で営業をしている旦那さんのKさんは、ここのところ仕事が忙しく、帰宅はだいたい深夜になっていました。

（そういえば、もうすぐ結婚記念日か……）

終電に乗りながら、スマートフォンで《女性が喜ぶプレゼントランキング》というネットの記事を眺めていたKさん。女性が喜ぶプレゼントの1位にアクセサリーがランキングされているのを見ながら、ふと自分の奥さんのことを思い浮かべました。

そして、翌日。仕事の打ち合わせの帰りにジュエリーショップに立ち寄り、奥さんのために、かわいいネックレスを買ったのです。

（最近、一緒に買い物にも行ってなかったからビックリするだろうな）

結婚記念日の夜。その日も終電ぎりぎりで帰宅したKさんは、奥さんの喜ぶ顔を想像しながらサプライズでネックレスの箱を手渡しました。

すると――。

奥さんは「ありがとう」とは言ってくれたものの、Kさんの予想に反して、それほど嬉しそうな様子ではありません。

いったい、なぜ？

皆さんも、こんな経験があるのではないでしょうか。

相手のために良かれと思ってしたことや、言ったことが、なぜか受け入れられない。決して間違ってはいないはずなのに、伝わらなくて悔しい思いをする。

それどころか「本当に、ちゃんとわかってる？」と相手から不安に思われてしまったり……。

どうすれば、**自分がいいと思ったことがちゃんと相手にも受け入れてもらえる**ようになるのでしょうか。

この本では、そんな「正しいはずなのに、うまくいかない」現象を解き明かし、いろんなことが今よりも確実にうまくいくための〝正解〟を論理的に導き出す方法をお伝えしていきます。

もっと日常的にいえば、自分が考えたこと、自分の発言や行動に、相手が笑顔で「いいね」と頷いてくれることが格段に増やせるようになればいいと思いませんか。

さて、先ほどのKさんの話に戻りましょう。

じつは、この数週間前、少しだけいつもより早く帰宅できたときに、Kさんの奥さんはKさんに、ファッション情報のサイトを見せながら、ちょっと目を輝かせてこんなことも言っていたのです。

「ねえ、このネックレス良くない？」

このことを覚えていたKさんは、余計に、奥さんはほしがっていたネックレスをサプライズでもらってきっと喜んでくれるだろうと期待したわけです。

「アクセサリーは女性が喜ぶプレゼントランキング上位だ」→「奥さんがネックレスをネットでチェックしていた」→「結婚記念日にサプライズでプレゼントしよう」

きっとKさんは、こんな思考を働かせて奥さんを喜ばせたいと思ったわけです。

たしかにアクセサリーが好きな女性は多いでしょう。キラキラしたものを見れば目も輝きます。Kさんの奥さんだってネットで見ていたネックレスが気になっていたのは事実ですが、それ以上にとても気になっていたのは「旦那さんのこと」だったとしたらどうでしょう。

本当は、最近Kさんが忙しすぎて、なかなかふたりの時間が取れないから、結婚記念日には奥さんはふたりで話がしたかった。その〝きっかけ〟がネックレスの話題だったのかもしれません。お互い忙しい毎日で、いつもより早く帰宅したKさんと話ができる時間が嬉しくて、結婚記念日も、少し早く帰ってきてくれるかもしれないと密かに期待していた……。

でも、実際はいつものように時間が過ぎていってしまった。もし、それが事実であれば、「《女性が喜ぶプレゼントランキング》1位のアクセサリーをサプライズで渡したら、奥さんが喜ぶ」という論理展開は成り立っていなかったことになります。

では、Kさんの場合の〝正解〟は、なんだったのでしょうか。

クリティカルに考え、ロジカルに展開する

奥さんが結婚記念日にネックレスをもらって、嬉しいか嬉しくないかといえば当然「嬉しい」わけであり、奥さんを喜ばすという意味においては、その選択は正解だったといえます。しかし、もし奥さんが結婚記念日にふたりで話す時間を持ちたかったのであれば、最適な解は、ネックレスよりも「いつもありがとう。すごく幸せだよ。ゆっくりふたりで食事しながら過ごそう」というKさんの言葉だったのかもしれないわけです。

人間は、近しい相手であっても、自分が「本当はこう思っている」ということや「こんなふうにしてもらったら嬉しい」ということをなかなか直接相手に伝えられないことがよくあるものです。

あれっ、この本はビジネスの現場で使えるロジカルシンキングの本だったはず。なのに、なんで男女間のコミュニケーションの行き違いの話をしてるの?

そんなふうに思われるかもしれませんが、じつは、こうした「正解なのに、うまくいかな

い」現象は、ビジネスの現場、対クライアントとの人間関係や職場でもたくさん発生しています。そして、そのような現象を「伝え方の問題」として仕方のないことと思っていないでしょうか。

しかし、職場や取引先で**「伝え方の問題」として片づけられていることが、じつは「論理思考」不足の問題だったとしたら**、ちょっと、その対応策も変わってきます。


「あの人、言っていることは正しいけど、なんかしっくりこないんだよな」

「いつも言いたいことがうまく伝わらなくて後悔する」

「ちゃんとやったはずなのに、なんでダメだったんだろう」

「そんなこともわからないの？　言っている意味わかる？って上司に困った顔される」

「こちらがやってほしかったことと、まったく違うものが提案されて、その理由もわからず、ビックリしたよ」


私たちの周りでは、常にこんな言葉が飛び交っています。

あまりにも日常的なので「仕方ない」と無意識のうちに諦めてしまっているかもしれません。

とはいえ、私たちはみんなKさんのように、できれば相手に喜んでもらいたい、相手にうまく伝えたい、相手を理解したいし自分のこともちゃんとわかってほしいと考えて行動しています。行き違いを望んでいる人はいません。

それなのになぜ、こんなにも多くの「うまくいかない」ことが起こるのでしょうか。

ここでもう一度、先ほどのKさんの思考と行動をふり返ってみます。

「アクセサリーは女性が喜ぶプレゼントランキング上位だ」【前提ルール】
「奥さんがネックレスをネットでチェックしていた」【調査観察】
「結婚記念日にサプライズでプレゼントしよう」【結論行動】

一見すると、ちゃんと論理展開が成り立っているように思えます。しかし、そもそも「前提ルール」とした「アクセサリーは女性が喜ぶプレゼントランキング上位だ」というのが、本当にKさんの奥さんにも当てはまっていたかどうか。

Kさんが最初にネットで見つけた《女性が喜ぶプレゼントランキング》は、じつは、独身女性を母集団にしたデータだったかもしれないのです。

既婚者の女性を母集団にしたアンケートだったら、異なる結果になっていたかもしれません。たとえば、案外、モノのプレゼントよりも「自分の存在が相手に幸せをもたらしている」という証になるような言葉や、「自分が大切にされている」と確認できるような言葉がほしいというのが、ランキングの上位にくるかもしれません。

ただ、そういった**「心の深層にある本当の気持ち、感情＝インサイト」**は、日常ではほとんど表には出てこないものです。もっといえば、当事者である本人も、自分の本当の気持ちに気づいていないことだってあるのです。

それなのに、表に見えている状況や目先の情報を「前提」にして、本当のところはどうなのかというインサイトを見極める**「深い洞察」**をしないで結論を出したり行動してしまうことで、「こんなはずじゃなかった」という〝悲劇〟が発生するわけですね。

でも大丈夫です。私たちは、普段から基本的には「論理的」に考え行動することができています。ただ、そこにもう少しだけ**「深さ」**を加えられれば、いろんな場面で最適な〝正解〟を出せるようになります。

その方法＝論理思考こそが、皆さんにお伝えしたいこと。

この本では、主にビジネスパーソンが仕事やプライベートのあらゆる場面で「うまくいく」ための論理思考術を、私がマッキンゼーで伝授されたエッセンスを交えて、わかりやすく、すぐ実践できるようにまとめて1冊の教科書にしました。

そもそも「ロジカルシンキング（論理思考）」とは、どのような思考のことをいうのでしょうか。ちょっと考えてみましょう。

ここでいう論理思考とは「クリティカルに考え（深い洞察による自分の考えを持ち）、ロジカルに展開する（わかりやすく伝える）」ということです。

論理思考の基本は、たったこれだけです。

論理思考の本質は、このようにシンプルなのですが、その中にはとても重要な視点が含まれています。それは、クリティカルに考える（深い洞察による自分の考えを持つ）という視点です。これがとても大切。クリティカルに考えるという視点があるか、ないかで「それ、いいね」と言われるかどうか、あるいはぐっとくるか、こないかが左右されます。

深い洞察から自分の考えを導き出すことこそが、本質に迫るような思考をすることにつながる。それが「本物の論理思考」です。

論理思考とは、ただ単に決まった〝公式〟のようなものに当てはめて思考を形式化することではありません。クリティカルに考える（深い洞察による自分の考えを持つ）こととセットで行うのが「本物の論理思考」だということなのです。

世間でいう「ロジカルシンキング」が、最初から答えありきで、その答えに矛盾や間違いがないことを論理的に検証するものだとしたら、**マッキンゼー流の「ロジカルシンキング」とは、常にゼロ発想、仮説思考で、その場に最適で的を射た「新しい答え」をクリエイティブ（創造的）につくっていくもの。**

その思考作業は、みんなそれぞれの「センス」の違いを出すことができて、とても面白く、マッキンゼーでは、そうした「人を惹き付ける思考」で新しいバリューを出すことを「セクシー」と呼んでいました。

この本では、そんなふうに本当にセクシーでぐっとくる、「クリティカル＋ロジカル（深くてわかりやすい）」思考を「論理思考」と呼んでいくことにしましょう。

読み進めていただくと、いかにいろんな場面で論理思考の「ある・なし」が、私たちの選択とその結果を左右しているかがわかると思います。

そして、大げさではなく、その積み重ねが「自分が望むもの」を手に入れられることにもつながっていくことが見えてくると思います。

ぜひ、今のうちに「マッキンゼー流ロジカルシンキング」を身に付けて、深い洞察とその結果がもたらしてくれる「うまくいく」人生を楽しんでください。

第1講義

論理思考は難しくない！

ロジシンの基礎講義

香りのしないコーヒー豆では人は振り向かない

最初のひらめきは良かったんだけど、結局うまくいかなかった。やっぱり直感だけに頼って行動したらダメなんだよなぁ……。

そんなふうに後悔したことってありませんか。私にもありました。後悔とまではいかなくても、もうちょっと違うやり方があったのになと、そのときには自分の考えの浅さを反省したものです。

でも、本当に「ひらめき」や「直感」で行動するのは間違っているのでしょうか。ビジネスの世界で「ひらめき」や「直感」は扱いづらいものなのでしょうか。

あのスティーブ・ジョブズはこんなことを言っています。

「他者の教訓にとらわれないでほしい。なにより自分の心と直感を信じる勇気を持ってほしい」

コンピュータビジネスの世界で「神」とも称された彼にとって、そのクリエイティブな仕事の原点は「ひらめき」や「直感」という〝非論理的〟なものだったというのは、とても大きな意味のあることです。

スティーブ・ジョブズが教えてくれるように、「ひらめき」や「直感」はビジネスにおいて捨てるものではなく、むしろ自分にしかできない仕事をするために大切なもの。

そしてもっと大切なのは、その「ひらめき」や「直感」を、うまく自分の武器として使って周りを納得させることです。

ただし――。

「ひらめき」や「直感」をそのままストレートに表に出すのではなく、ちょっとだけ「深く」探ってみるのです。ここがポイント。この思考作業が「論理思考」の基本だと覚えておいてください。

「いい直感」は、それだけではコーヒーの生豆のようなものです。

コーヒー好きな人やコーヒー専門店でアルバイトをしたことのある人はご存知だと思いますが、焙煎《ばいせん》する前のコーヒーの「生豆」は、一般にイメージされるような香りも色もついていません。

豆の色も白っぽく、ほぼ無臭（種類によっては微かに甘い果実臭がします）で、コーヒーをあまり飲まない人には「これはなに？」と言われるかもしれません。

その「生豆」を焙煎することで、コーヒー独特の深い芳香が立ち上がり「あっ、これはコーヒーだ」と理解してもらえるわけですが、同じように「いい直感」もそのままでは相手にその価値を伝えることができないのです。

自分は、「いい直感」の価値を理解できている。けれども、そのままでは、相手にとってはコーヒーの生豆のようなものかもしれない。それなのに生豆の状態のまま相手に渡しても、きっと困った顔をされるか、受け取ってもらえない可能性が大です。

そこで、せっかくの「いい直感」を相手が理解しやすく、受け取りたくなるように焙煎する作業として「論理思考」を加えていきます。

思考の焙煎作業ともいえる「論理思考」は、そんなに難しいものではありません。私たちは学者ではないのですから、ビジネスでもプライベートでも誰かに自分の考えをわかりやすく伝え、「それ、いいね」と言ってもらうために、何百枚もの論文を書く必要はありませんし、時間もかけられません。

マッキンゼー流の「本物の論理思考」とは**「クリティカルに考え（深い洞察による自分の考えを持ち）、ロジカルに展開する（わかりやすく伝える）」**ことだとお話ししましたが、具体的な思考作業は、つぎの3つのステップで誰でもできるものです。

Step 1 前提を自分でちゃんと確認する（それは本当？）
Step 2 深く根拠を調べて伝える（〜だからそうだよ）
Step 3 自分だけの深い意見を持つ（それ、いいね）

ここで、もう一度、この本の「オリエンテーション」で登場したKさんのケースを思い出してみましょう。

Kさんは結婚記念日に奥さんを喜ばせるために「アクセサリーは女性が喜ぶプレゼントランキング上位だ」という**【前提ルール】**から、サプライズでネックレスを贈って「イマイチ」な結果になってしまいました。

もし、そのときに「論理思考」を働かせてＳｔｅｐ1〜Ｓｔｅｐ3のプロセスを踏んでいれば、「アクセサリーは女性が喜ぶプレゼントランキング上位」というのを前提にするのは間違っているのではと気づいたかもしれません。

■図1　ステップ図

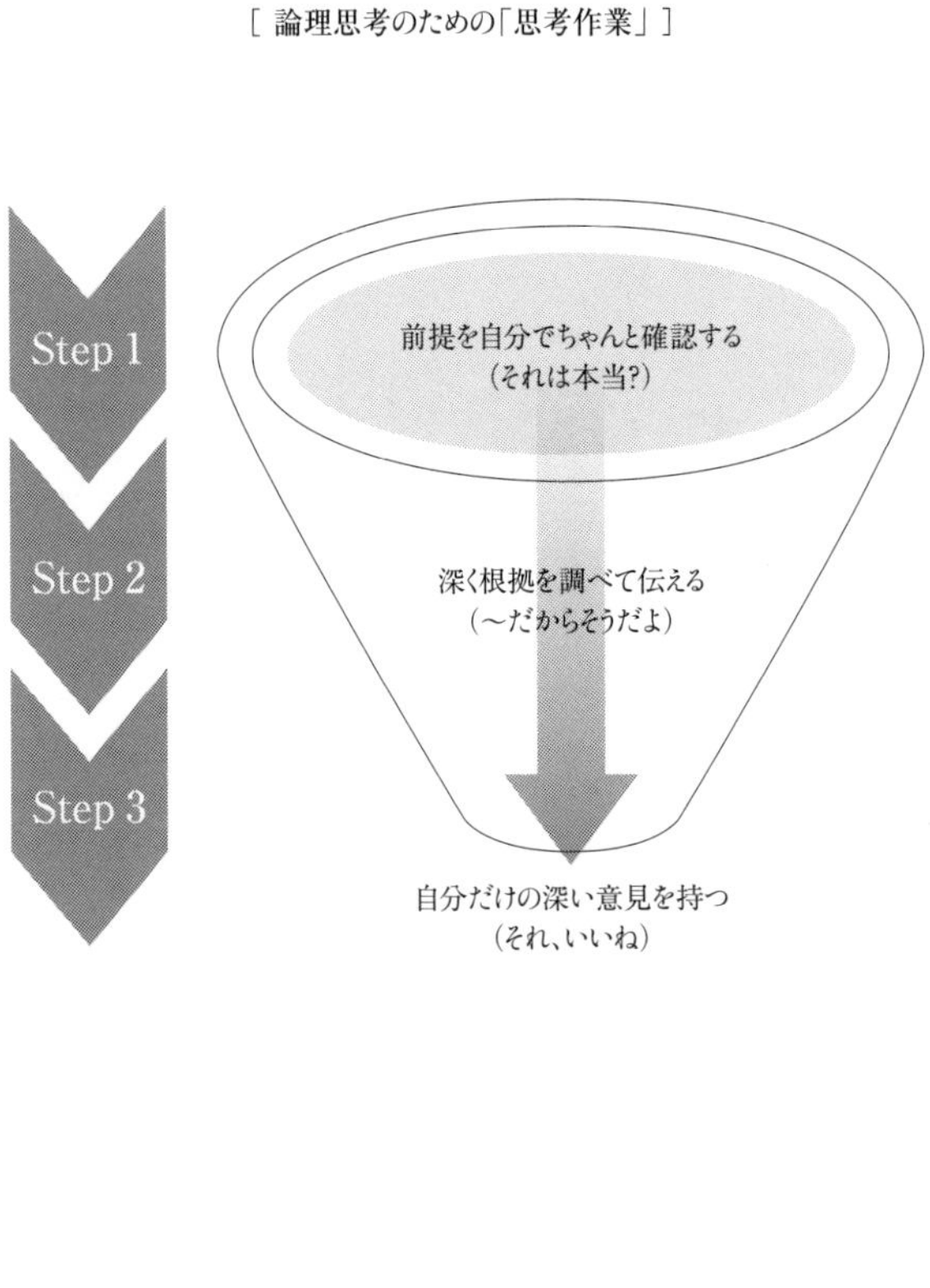
[論理思考のための「思考作業」]
Step 1
Step 2
Step 3
前提を自分でちゃんと確認する
(それは本当?)
深く根拠を調べて伝える
(〜だからそうだよ)
自分だけの深い意見を持つ
(それ、いいね)

そして、深く根拠を調べていけば「たしかに一般的に女性はアクセサリーをもらって嬉しいけれど、既婚女性と独身女性を同じ前提では考えられない」ということにも気づき、「ネックレス＋日ごろの感謝の言葉」という発想もできたかもしれないわけです。

そもそも「論理思考」は、なんの役に立つのか？

常にものごとを「論理思考」で考えるなんていうと、なんだか理屈っぽくて面倒くさいイメージがあるかもしれません。

ビジネスにおいて「いい仕事をしている」といわれる人は、「論理思考」をうまく身に付けています。

本当に正しい論理思考を身に付けている人は相手に理屈っぽさや面倒くささを感じさせず、とても魅力的に相手にわかりやすくものごとを伝えられるものです。

その結果、多くの人からたくさん賛同を得られるので、結果的に「うまくいくことが多い」わけです。そう、論理思考とは、言い換えると、いろんな人を味方にして、たくさんの賛同を得るために大切な思考技術ともいえます。

これって、どんな場面においても大切なことではないでしょうか。

もっといえば「論理思考」のうまい人は、他人にわかりやすく思っていることを伝えたり、それによって相手を喜ばせたりすることができるので「コミュニケーションがうまい」ということになるでしょう。

論理思考を身に付けることは決して「小難しい」「とっつきにくい」人になることではなく、むしろその逆。みんなが「その発想はなかった」と新鮮に感じるような「いい直感」から生まれた考えやアイデアを、納得のいくわかりやすい方法で説明し提供してくれるので、周囲にとって好感度の高い存在になれる可能性もあるわけです。

ですから**「論理思考がなんの役に立つのか」という問いに対しては、コミュニケーションがうまくいき、いい人間関係をつくることに役立つ**と答えることもできます。

気づかれた方もいると思いますが、じつは、この論理思考によって、コミュニケーションがうまくいき、いい人間関係をつくれるという考え方も「論理思考」のひとつです。

まず「論理思考がなんの役に立つのか」という「問い」を立ててみます。

そして**【前提ルール】**として「論理思考とは人にわかりやすくものごとを伝えられる術である」というものがあります。

つぎに【調査観察】として「人にわかりやすくものごとを伝えられる人は、みんなに必要とされる」ということが見えました。

最後に【結論】として「論理思考を身に付けることで、コミュニケーション能力が向上する」といえるわけです。

このロジック、つまりこの論理的な考え方は、論理思考の世界で「演繹法《えんえきほう》」と呼ばれるものですが、ここでは「演繹法」という呼び方は頭の片隅にとどめておくぐらいで大丈夫です。のちほど第3講義でわかりやすく説明します。呼び方を忘れてしまっても気にせず前に進みましょう。

何度もいうように、この本では学問として「論理思考」を学ぶのが目的ではなく、ビジネスや人生全般で「自分がいいと思ったこと、正しいと考えること」を、うまく相手に伝えて「それ、いいね」と言ってもらうことを学ぶのが目的。

だからこそ、論理思考の一つひとつの方法を知識として覚えるのではなく、この本をきっかけにして「実践的に身に付ける」ことのほうを大事にしてほしいと思います。極端にいえば、いろんな場面で自然に論理思考が働くようになれば、別に方法論の名前や思考を助けるフレームワークの種類なんて覚えていなくても、人生はうまくいく可能性が高まるのですから。

論理思考と生まれつきの頭の良さは関係ない？

あの人は、いつも頭の回転が速くてうらやましい。私も頭のいい人に生まれたかった……。

私たちは、ついそんなふうに、他人の頭の良さと自分の持って生まれたものを比べてしまいがち。論理思考を身に付けるということも、もともと頭の回転の速い人や理系脳の人、頭のいい人じゃないと難しいんでしょ?と思われがちです。

しかし、そもそも「頭の良さ」をどのように定義するのかということも含め、**頭の回転の速さや頭の良さという曖昧なものと「論理思考」が身に付くかどうかは、あまり関係がありません。**

あえていうなら、最近、企業が求める人材像であげられることの多い条件に「地頭力」がありますが、この「地頭力」と「論理思考」には相関関係があると考えられそうです。

「彼は地頭がいいね」なんていわれる「地頭力」も明確な定義はありませんが、「勉強量や試験などで測れる頭の良さとは別の頭の良さ」、つまり、勉強で培われたものではない「頭の良さ」がある人のことを「地頭がいい」というようです。

実際、マッキンゼーに入ってくる人も、たしかに「地頭力」といえる「勉強だけでは身に付かないセンス」を持っている人が多かったと思います。そしてそのセンスとは、いま思えばまさに「論理思考」のセンスだったと思われるのです。


また、私がマッキンゼーの採用試験を受けた当時は、論理的な思考をチェックするテストもありましたが、同時にクリエイティビティ（創造性）をチェックするような、ちょっと変わったテストがありました。たとえば、『〇』のような図形を見て、そこから思いつけることを、数十秒ほどの間に次々と書き出していくようなテストです。

『〇』→タイヤ、ドーナツの穴、真上から見た風船……というように、ひらめいたものをあげていくわけですが、それらは論理的な思考をすれば出てくるというわけではありません。

そんな試験を受けながら、当時私は、「論理的な思考もさることながら、クリエイティブな発想も重要なのかなぁ」と思っていました。

たとえば、皆さんが『〇』という図形に興味を持ってもらうために誰かに説明するとします。数学の世界では「平面状の、ある点からの距離が等しい点の集合でできている曲線」というのが論理的な正解ですが、それでは人によっては、あまり『○』という図形に魅力を感じないかもしれません。

人が相手の話に共感したり魅力を感じるのは、単にそれが「論理的な正解」で満たされているからではありません。実際、マッキンゼーで仕事をしていたときも、ただ知識を示すだけでなく「これは、本当はこうなっているんじゃない？」というような独自のクリエイティブでセクシーな、ぐっとくる分析ができ、それを魅力的に伝えるコミュニケーション能力のある人が注目され、コンサルタントとしても結果を残していたように思います。

つまり、ぐっとくるクリエイティブな発想を論理的に展開できることが大切であるということを学びました。

だからこそ、勉強で身に付くこととは違うクリエイティビティを大切にしてほしいと思うのです。

そして、そのクリエイティブな発想を生み出すために、論理思考が役に立つというのがマッキンゼー流の考え方なのです。さらに、論理的思考は、後天的に身に付けることができるのです。

世の中には、「勉強ができて、しかも地頭がいい」という人もいます。

そういった人は、自分の勉強に関してもクリエイティブに「論理思考」の要素を取り入れています。自分だけの最適な勉強法を編み出したり、ピンチに陥ってもそこから脱するために工夫を重ねたり、周りの人にも勉強のヒントを伝えているのです。

つまり、**ただ教えられたとおりにやるのではなく、いろんな場面で応用を利かせることのできる人、そしてそれを周囲がぐっとくる魅力的なコミュニケーションで伝えることのできる人がクリエイティブに論理思考を使える「地頭力がいい人」**ということもできます。

あのとき、あんなふうに応用をしてピンチを切り抜けられた。そうした経験の積み重ねによって「論理思考」がさらに磨かれ、結果「地頭力」が鍛えられていくのです。

企業が「地頭のいい人」を求めるのも、基本的な能力とは別に、想定外の場面や困難な状況でもクリエイティブな発想と行動ができる力や、周りも巻き込んでいける魅力的なコミュニケーション能力を必要としているからでしょう。

ここで大事なことは、**勉強ができるという意味での頭の良さや頭の回転と、地頭の良さに表れるような「クリエイティブな発想と行動」「コミュニケーション能力」というのは身に付け方、学び方が違う**ということです。

勉強ができて論理的に正しいことをたくさん知っていても、「クリエイティブな発想と行動」「コミュニケーション能力」に欠ける人は、皆さんの周りにもいるのではないでしょうか。

仮に、自分では今まで頭がいいなんて思ったことがなくても（それだけの勉強をしてこなかったとしても）、「クリエイティブな発想と行動」「コミュニケーション能力」のもととなる「論理思考」は、今からでも身に付けられるのです。

仕事ができる人ほど、対人で「論理思考」を大切にする

「論理思考とは、人にわかりやすくものごとを伝えられる術である」という論理は、論理思考は思考を徹底して最適化する、つまり思考をシンプルにするのでわかりやすくなるという点からも、よく考えると当たり前のことなのですが、なぜかこれまではスルーされることが少なくありませんでした。

「論理」や「ロジック」という言葉から、「論理思考」とは、特殊な場面、たとえば理系の仕事やコンサルティングの仕事などで使われるものだというイメージが強かったことも影響しているのでしょう。

そのうえ、提案資料の中身や、プレゼンテーションの準備段階で重視されるもので、日常

生活ではあまり使わないものと思われてきたのです。

しかし、実際のビジネスの場面では、どれだけ斬新で画期的なアイデアや提案であっても、その良さが相手にちゃんとわかりやすく伝わり、認められ、「それ、いいね」と身を乗り出させなければ意味がありません。

「提案そのものは面白いけど、実現性に乏しい」と思われてしまっては残念です。

いくら、自分では提案内容に自信があり、プランを実行することが正しいと確信できていても、相手が納得しなかったり、相手の不安や懸念を払拭できなかったら仕事として成立しないからです。

仕事ができる人は、そうならないために、「いい直感」を相手が理解しやすく、受け入れたくなるように、「論理思考」で思考を深める作業を行っています。

Step 1 前提を自分でちゃんと確認する（それは本当？）

Step 2 深く根拠を調べて伝える（～だからそうだよ）

Step 3 自分だけの深い意見を持つ（それ、いいね）

先ほどもご紹介したように、この3つのステップを意識的・無意識的に踏んでから自信を持って提案をしているからこそ、変な顔をされずに「それ、いいね」と言ってもらえるわけです。

「論理思考」を働かせたコミュニケーションにおいて、この3つのステップというのは、ほぼ共通。個人によって、話す内容や表現はもちろん違いますが、「論理思考」のエンジンは同じものを使っているといっていいぐらいです。

だからこそ、生まれつき「頭がいい」だとか「勉強ができる」ということとは関係なく、誰でも「論理思考」エンジンを後付けすることができるのです。

私の場合は、コンサルティングファームで仕事の基本を叩き込まれたということもあり、「論理思考」なしにビジネスは1ミリも前に進まないということが余計に身に染みています。

前著の『マッキンゼー流 入社1年目問題解決の教科書』でもお話ししましたが、企業の問題解決を仕事にするコンサルティングの世界では、業種や業態はもちろん、その組織が持つ文化や風土、ものの考え方、行動様式など、あらゆる点で異なるバックグラウンドを持つ人たちに「それ、いいね」と身を乗り出してもらうことが仕事でした。

極端にいえば、たとえば、それまで農業ビジネスにまるで関係のなかった自動車業界の人たちに「野菜をつくるのも面白いかもしれない」と言ってもらえるように提案することもあるわけです。

だからこそ、思考の共通言語として「論理思考」を働かせることは必須だったのですが、あらゆるビジネスの基本となる対人スキルをアップさせるためにも、この「論理思考」は役に立つ技術ではないでしょうか。

私のこと（My Value）ではなく、私たちのこと（Our Value）にするために

さまざまなバックグラウンドを持つ人たちに自分の考えを伝えて、「それ、いいね」と身を乗り出させる。そのために「ロジカルシンキング」が大きな働きをしている例を紹介しましょう。

TED（Technology Entertainment Design）というプレゼンテーションの舞台があります。「価値のあるアイデアを世に広めること」を目的にアメリカの非営利団体が開催しているもの。

これまで壇上には、ジェフ・ベゾス（アマゾンの創設者）、ビル・クリントン（元アメリカ合衆国大統領）、ボノ（ロックバンドＵ２のボーカル）といった著名人をはじめ、さまざまな分野の活動家がスピーカーとして登場しています。

日本でもインターネット上で公開されているプレゼンテーション動画やＮＨＫ（Ｅテレ）の番組などで、ご存知の方も多いと思います。

このプレゼンテーションの特徴は、壇上に立ったスピーカーが「私の考え、行動」を一方的に伝えるのではなく、聴衆に対して「私たちのこと」として捉えてもらえるように「共感」「共有」を目的としたプレゼンをしているというところにあります。

もちろん、基本は**「クリティカルに考え（深い洞察による自分の考えを持ち）、ロジカルに展開する（わかりやすく伝える）」**というところにあるわけですが、多くの聴衆を惹き付けるのは単にプレゼン内容が論理的だからということだけではありません。

スピーカーの多くは、壇上のディスプレーにとても魅力的な、あるいはメッセージ性にあふれた写真を映し出します。

たとえば、豊かで神秘的な自然環境が、地下に眠る資源開発のために取り返しのつかない破壊の危機にさらされていることを伝えたい。そのためには、データで訴えるよりも、息を呑むような美しい現地の自然を捉えた写真を見せたほうが、そのテーマの重要性が伝わるからです。

そして、その写真を見た体験を「共有」したあとに、果たして経済活動のための開発と、人の魂を震わせるような美しい自然を保護することのバランスをどう取ればいいのか？という「問い」を投げかけ、自然保護活動の賛同者を募るのです。

じつは、テーマによってはデータよりも写真のほうが、人の心をつかみやすいというのも、私たち人間にとってはロジカルな現象です。

いかに人の心を動かすか。そのためにクリエイティブな発想を使うというのもマッキンゼー流「論理思考（ロジカルシンキング）」の大事な要素なのです。

本物の論理思考は、みんなの行動も変えてしまう

私が体験したマッキンゼー流の論理思考では、独創的でセクシーな発想で、人をインスパイア（触発）したり、クライアントや関係者の行動を鼓舞することが「当たり前」とされていました。

つまり、単なるプレゼンテーションのための論理思考は無意味であり、「人の心を動かし、その動きが組織をも動かす」力まで持った論理思考をすることが大切だということです。

「動かす」という言葉にも、じつは2種類あります。

ひとつは「アクティビティ」と呼ばれる動き。ひとりの人間の行動や作業レベル、あるいはシステムにおける稼動状況などを指して呼ばれる動きです。どちらかというと狭い範囲の動きです。

もうひとつは「ムーブメント」と呼ばれるもの。これは、ひとりの人間の行動にとどまらず、組織や世の中など広範囲に影響を与えるような動きを指します。つまり、大きなうねりになるような動き、「ムーブメント」を生み出すような動きです。

先ほどのＴＥＤ（Technology Entertainment Design）プレゼンテーションの例もそうですが、論理思考は、単にプレゼンテーションの場のみで発揮されたり、限られた人数を相手に使われるためだけにあるのではありません。

マッキンゼー流の「論理思考」も同じです。自分ひとりが納得するうえで論理思考が役に立つのではなく、みんなの行動まで変えてしまう「ムーブメント」をつくれるというところに、その価値があるわけです。

実際、マッキンゼーの卒業生は**「マッキンゼー・マフィア」**という異名を持つほど各分野で活躍していますが、その力の源泉のひとつは、やはりマッキンゼー流の本物の「ロジカルシンキング（論理思考）」にあるのではないかと思います。

あらゆるビジネスで「論理思考」が必要になっている

今の世の中は、有名ブランドの新製品だからといってモノが簡単に売れるような時代ではありません。この新しい製品やサービスはユーザーにどんな価値や体験をもたらしてくれるのか、どれだけユーザーのことを理解して生まれてきたものなのかといったことを、きちんとコミュニケーションを通して理解・共感してもらえなければお金を払ってもらえない時代です。

ユーザーに対して、論理思考を働かせることなく、一方的に「これはいいものです」と訴えかけても、「すごいですね。でもそういうのは求めてないです」と思われてしまうのがオチでしょう。

また、企業組織の中でも、なにか新しい仕事をしようとするときには、部門や部署の異なる人たちの賛同がなければ、それを進められません。それだけでなく、社内外を問わず、まったく新しいメンツでプロジェクトを進めることも珍しくない時代になっています。

言わなくてもわかってくれる。そんな仲間のいる環境ではないところで仕事を進めるわけですから、論理思考を働かせたわかりやすいコミュニケーションができるかどうかで、仕事の結果が違ってくるのも当然というわけです。

さらに、あらゆる情報や技術、ノウハウまでもがものすごいスピードで更新されていく現在のビジネス環境では、たった1年前（場合によっては数カ月前！）の知識やデータがもう使えないということも当たり前のように起こります。

それと同時に、新たな課題がセットになって私たちの前に現れます。そんなときに、どれだけ過去のデータやノウハウの蓄積があっても、それだけで課題を解決することはできません。

大事なことは、どれだけデータやノウハウを持っているかではなく「今、目の前で起こっていることの真の問題はなにか」をクリエイティブかつ論理的に見つけ出すことです。

・今、目の前で起こっていることを俯瞰《ふかん》してみる
・そもそも、その状況の中でなにが問題かを特定する
・特定した問題が「本当に問題かどうか」根拠を確認する
・問題を解決するプランを立てる
・実際に問題解決のための行動を起こす

この一連の流れをスムーズに実行するために欠かせないエンジンが「論理思考」になるわけです。もし「論理思考」を働かせずに、その場の印象や決め付けで問題解決に当たるとどうなるのでしょうか。

とある男性の、ちょっと気になる（？）ケースを見てみましょう。

本当は怖い「決め付け」の魔力

こんなお話があります。

ある晴れた土曜日の朝、男はいつものようにポルシェを飛ばしていた。見通しのきかないカーブが近づくと、スピードを落とし、ギアを切り換え、二百メートルほど先の急カーブにそなえ、ブレーキに足をおいた。そのとき、カーブの陰から車が一台、ハンドルを切り損ねたように飛び出してきた。崖から落ちると思った瞬間、道路すれすれに弧を描き、勢いあまって反対車線に入り、あわててハンドルを切りなおしたかと思うと、また反対車線に入ってくる。

なんてことだ。男は急ブレーキを踏んだ。

車は蛇行しながら接近してくる。ぶつかると思った直前、対向車は左にそれ、すれちがいざま、きれいな女性が窓から顔を突き出し、あらん限りの声で叫んだ。

「**ブタ！**」

ふざけるな。男はカッとなって、怒鳴り返した。「**ブス！**」。

「めちゃくちゃな運転をしているのは、どっちなんだ」。しかし、怒鳴り返して、少しは胸がすっとした。ああいう女には、ひとこと言ってやったほうがいい。

そして、アクセルを踏み、急カーブを曲がった途端……、ブタに衝突した。

（ジョエル・バーカー／パラダイムの魔力）

この寓話が教えてくれるのは、まさに**人間の思い込みや決め付けがもたらす「良くないできごと」**です。

フラフラと対向車線から突っ込んできたクルマの女性は、その先にブタの群れがいるということを、男性に知らせたくて「ブタ」と言ったのですが、男性は攻撃的に侮辱されたと受け取ってしまったわけです。その結果、ブタの群れに衝突してしまい、危険を回避することができなかったのです。

人間の脳は、自分が攻撃を受けたと感じたときには、咄嗟《とっさ》に「攻撃的」になるような仕組みを持っています。脳からの指令でアドレナリンが放出され、血圧が上昇し血糖値が高くなることで体全体の行動のスイッチを入れ、反撃したり避難したりしやすくしているわけです。こうした人間の体のメカニズムそのものは、とても「論理的」なものです。生物全般に備わっている、生き延びるための原始的な論理的エンジンだといえるかもしれません。

しかし、その一方で原始的な論理的エンジン任せでは失敗することもあるというのが、先ほどの寓話です。

咄嗟の怒りの感情というのは自然なものですから、仕方ありません。それを踏まえたうえで、さらに**「本当はどうなんだろう」という一歩踏み込んだ思考をすることで、見当違いの思い込みや決め付けによる失敗を防ぐことができる**のです。

どんなときも、目の前で起こっていることだけが真実のすべてではない。この背景にはなにがあるんだろう。そんな思考をすることを心がけるのも「論理思考」を養うことにつながります。

世の中をぜんぶロジカルに切り取ってみる

「論理思考」とは、世の中をクリティカルな視点で切り取って理解させてくれる「賢いメガネ」のようなものともいえます。

顔にかけて歩くだけで、必要なときに自分が知りたいことを教えてくれるGoogle Glassのようなウェアラブル（着用型）コンピュータが現実になる時代ですが、論理思考を身に付ければ、「タダ」で、いろんな世の中の現象の本質を知ることができます。

あるショッピングモールに寄せられた、ある日のクレームの数々を見てみましょう。

・カフェが混んでいてなかなか座れない

・トイレの数が少なすぎる
・温かい飲み物が自販機で売り切れ
・館内のドアが冷たくて静電気が起こって不快！
・飲食店にひざ掛けのブランケットを置いてほしい

一見、どれもバラバラのクレームで、すべてに対応するのは大変そうですよね。トイレの数を増やすなんて、そう簡単にはできません。皆さんがクレームの担当者だとしたら、どうするでしょうか。

いちばん対処が簡単なものから手を付けるという方法もありますし、コストがかからないものを優先させる、あるいは比較的重いクレームを時間をかけてでも解決するというやり方もありそうです。

ところが、ショッピングモールを運営する上層部から「寄せられたすべてのクレームを同時に解決できないか」と言われてしまったら――。

そんなことは無理でしょう、と言いたくなるかもしれません。

でも、本当に無理なのでしょうか。ここで論理思考の基本を思い出してみてください。

「クリティカルに考え（深い洞察による自分の考えを持ち）、ロジカルに展開する（わかりやすく伝える）」

一つひとつのクレーム対応を個別に考えるのではなく、それぞれのクレームの背景に「なにがあるんだろう？」と、ちょっと深く考えてみるのです。

・カフェが混んでいてなかなか座れない　↓　カフェで飲み物や会話を楽しみたい人以外にもカフェを利用したい人が多いためでは？

・トイレの数が少なすぎる　↓　モールの利用者数はそんなに変わらないのにトイレの利用者が増えたのはなぜ？

・温かい飲み物が自販機で売り切れ　↓　館内では冷たい飲み物も売れるはずなのに、なぜ温かい飲み物に需要が集中するんだろう？

・館内のドアが冷たくて静電気が起こって不快！　↓　冬場は静電気の発生が多いが、手に触れる部分が冷たいと余計に不快感が増す？

・飲食店にひざ掛けのブランケットを置いてほしい　↓　オープンテラスのある店以外でも要望が出ているのはなぜ？

こうして、それぞれのクレームをそのまま受け取って対処するのではなく、その背景まで探ってみると、バラバラのクレームにもなにやら共通する要素が見えてこないでしょうか。温かい飲み物が自販機で売り切れたり、ブランケットの要望が多かったり、ドアの冷たさや静電気が不快ということから、もしかしたらショッピングモール館内が「寒い」のではないかという問題が見えてきます。

そして、一見、関係ないように思えるトイレの数へのクレームも、館内が寒く、カフェや自販機で温かい飲み物を摂取する機会が増えて、その分トイレが近くなるという生理現象によるものなのかもしれません。

人間の体は約60％が水分だというのはご存知だと思います。この水分は、摂取されたり栄養素の代謝で取り込まれる分と、汗や尿、呼気などで排出される量が常にバランスを取ることで保たれているわけです。極めて論理的な構造ですよね。
夏場などは発汗量も多いために、水分を摂取してもそれほど尿意を催さないのですが、冬場、寒くなると汗もかきにくく水分過多となり、さらに寒さで交感神経の働きも活発になって「トイレが近くなる」という現象が起こるといわれています。

これらの相関関係から推察すると、一連のクレームに隠れている問題は「館内の空調温度が低すぎること」という仮説を立てることができます。この仮説から「館内の空調温度をエコに配慮しながら少し上げることで、来館者の快適さを向上させる」という方法でバラバラのクレームを一気に解決することができるかもしれないというわけです。

【一連のクレームを論理思考で分析すると……】

・今、目の前で起こっていることを俯瞰してみる
（温かい飲み物に人気が集中し、トイレが混雑しているなどの状況から、なにが言えるかを考える）
・そもそも、その状況の中でなにが問題かを特定する
（個別の現象の相関関係から、問題の根本は「寒さ」にあると考える）

・特定した問題が「本当に問題かどうか」根拠を確認する
（「寒さ」が本当に個別の現象を引き起こしているか検証する）
・問題を解決するプランを立てる
（館内空調の温度を上げることで一気に解決できないか）
・実際に問題解決のための行動を起こす
（エコやコストも考え、クレームを発生させない最適な空調温度設定に）

このように、私たちの周りで日々発生しているさまざまな現象も、「論理思考」を使って分析し、洞察をしてみることで、その本質や問題解決の方法も見えてくるようになります。

ゼロ発想を意識して生きる

「ロジカルシンキング（論理思考）」というと、誰もが同じような思考をして同じようなアウトプットをするためのものというイメージを持たれることもあります。

半分は正解で、半分はそうではありません。

たしかに、論理思考を働かせば、同じ【前提ルール】と【調査観察】からは、同じような【結論】が導き出されます。

「夏場は夕立が多い」【前提ルール】
「空が急に暗くなり、湿り気のある風が吹いてきた」【調査観察】
「夕立がありそうだから、干してある洗濯物を取り込もう」【結論行動】

こういった、ほぼ普遍的な現象や課題に対しては、とくに他の人と思考や行動を差別化しなくても、みんなと同じような論理思考を働かせればOKです。しかし、競争関係にある相手と同じ課題で「違う結果」を出さなければならないときは、論理思考だけでなく、そこにクリエイティブな発想が必要になります。

マッキンゼーでは、**イシュー**と呼ばれる「課題」に対して意見を出すときに、安易に「私もそう思います」という答えは許されない空気がありました。**「ポジションを取れ」**とよく言われたのですが、課題に対して自分なりの立ち位置をどう取るかということが常に求められたのです。

結果的に、他の人と同じ意見に至ったとしても「それはなぜ」なのか、そこにどのような自分だけのクリエイティブな発想での推論や検証があったのかが問われるわけです。

このとき、**邪魔をしてくるのが、過去の自分の「思考の枠」や「成功体験」**です。自分がいつも行っている思考を使うことや、過去にうまくいった方法を流用するのは、考えることの〝節約〟ができるので、それ自体は理にかなっているといえるかもしれません。

しかし、競争関係にあるライバルも、同じような思考をして同じようなアウトプットをしてきたらどうでしょう。横並びの同じ「結果」だとしたら、それがどんなに自分の過去の成功体験に裏打ちされたものであっても、結果として価値を持たせることはできなくなってしまいます。

論理思考がもたらす横並びのトラップにはまらないようにするには、過去の自分の「思考の枠」や「成功体験」から意識して飛び出すことが大切です。

『ガラスの仮面』という少女マンガをご存知でしょうか。30年以上にわたって連載されている「大河マンガ」で、演劇にすべてをかけるヒロインの少女・北島マヤは、さまざまな試練に襲われながら、いろいろな役をものにしていきます。

彼女は、周囲の役者たちと比べると決して環境にも恵まれない中、聡明な思考と天性の演技力で道をひらいていくのです。

あるオーディションの場面では、こんな行動をしました。「笑いなさい」という課題が出され、ライバルたちが、いろんな声の出し方を工夫して「笑う」行為の演技をするのに対し、北島マヤはただひとり、声を出さずに口角をちょっと上げるだけの「笑顔の表情」を見せたのです。

オーディションの参加者たちは一様に「なに、あの子?」と訝《いぶか》し気な顔。審査員たちも不審に思うのですが、往年の大女優である月影先生は、彼女の才能を見抜きました。北島マヤは「笑う」という行為を、他の参加者とは異なる視点で捉えたのです。

「笑いなさい」という課題に対して、ほとんどの参加者は「声を出す」という【前提ルール】を使いました。つまり、そこには「笑う＝声を出して楽しいもの」という前提ルールがあり、それにただ、自動的に反応したわけです。きっと、それまでのオーディションでも「笑う＝声を出して笑う」という経験をしてきたのでしょう。

一方、北島マヤは、そうした「思考の枠」や「成功体験」にとらわれず、ゼロ発想で「その場にふさわしい笑いの演技」をつくり出したわけです。

「笑いには静かな笑いなど、いろんな笑いがある」【前提ルール】

「ライバルたちは声を出す笑いしかしていない」【調査観察】
「声を出さない表情だけの笑いをしよう」【結論行動】

こんなふうに、常にゼロ発想で「自分にしかできないこと」を意識して行動することで横並びの「論理思考」に陥らず、クリエイティブな論理思考の使い方ができるようになるということも覚えておいてください。

なぜ「論理的」なだけではダメなのか

この本では、本物の論理思考として「クリティカルに考え（深い洞察による自分の考えを持ち）、ロジカルに展開する（わかりやすく伝える）」ということをおすすめしていますが、それはなぜなのか。

答えは「**ロジカル（論理的）**」**なだけでは**「**正しいはずなのに、うまくいかない**」**という現象が起こる**からです。仕事においても「言っていることは正しい」けれどピンとこない、的を射ていないというように、人の心を動かすことができないのは、クリティカルな思考

（深い洞察）が欠けている場合によくあることです。

世の中には、**いくら論理的に正しくても、この状況ではその思考や行動はベストではないというケース**があります。

たとえば、ビジネスにおいて「ユーザーのクレームは少ないほうがいい」というのは論理的に正しいことです。ユーザーのクレームが多いということは製品やサービスに問題があることを示し、企業の評判や利益にも影響してくるからです。

しかし、「ユーザーのクレームは少ないほうがいい」とは言い切れない状況もあるのではないか、と考えることはできないでしょうか。

たとえば、テストケース的なビジネスやＩＴの世界でのβ版（正式リリース前の評価版）の製品やサービスなどは、むしろユーザーからのクレームや意見が具体的にたくさんあったほうが、最終的には自分たちにもユーザーにもより良い環境をつくることにつながります。

にもかかわらず、「ユーザーのクレームは少ないほうがいい」ということを絶対的なルールとしてしまうと、そうした意見を吸い上げて成果を出すという仕組みをつくることや、そもそも、そのような発想自体ができにくい状態になります。

単純に考えれば、「ユーザーのクレームは少ないほうがいい」というのは「論理的に正しい」思考ではありますが、これを常に前提とするのはベストではないということです。

なぜなら、究極的にはユーザーのクレームの少ない顧客満足度の高い製品やサービスを目指すわけですが、そのために、あえて、ユーザーからのクレームを生かすという発想が出てこなくなってしまうからです。

企業の評判向上や利益拡大のために「ユーザーのクレームは少ないほうがいい」とは言い切れない状況もあるのではないか、とクリティカルに考えてみることで、ＩＴ業界のβ版の製品をユーザーにリリースするという、ぐっとくる発想が生まれるわけです。

クリティカルな思考は、論理的に正しいだけではなく、同時に、ピンとくる、人の心を動かす、的を射た最適な発想を生み出します。

では、どうすればその時その時、最も適切でぐっとくることを考え、うまく伝えることができ、相手の心を動かすことができるのか。

そのために欠かせない「クリティカルな思考」の方法について第２講義で学んでいきましょう。

第2講義

クリティカルに考える

考えを深くするコツ

「知ってるつもり、わかっているつもり」から脱け出す

思考、つまり、考えるという視点で人を見たとき、世の中には2種類の人がいます。「考えの浅い人」と「考えの深い人」です。あまりなにも考えない、とくにそんなことを意識したことがないというのも「考えが浅い人」ということになります。

自分では「考えているつもり」だけど、なかなかうまくいかないことが多いという人も、まだ考えが浅いのかもしれません。

もちろん最初から考えが深いという人は少ないはず。私だってそうでした。

考えることに自信がないなぁという人も「論理思考」の必要性を感じると、必然的に考えが深くなっていきますから大丈夫です。

考えが浅い人は、いろんな場面で「そんなこと、もう知っているよ」「以前もこうだった」と、考えることをしなかったり、「みんなが言っている」ことや「8割の人が賛成」ということに簡単に乗ってしまったりする傾向があります。

そのほうが受け身でラクかもしれませんが、考えが浅いままでは「人に動かされる」ことはあっても、人を動かすことは決してできません。

ビジネスや人生全般を「自分が望む方向」に向けたい、その方向でできるだけ多くの人に賛同をもらって「それ、いいね」と言われたいのであれば、**考えの深さ、つまり「クリティカルな思考（深い洞察）」がなければ始まらないと考えてください。**

ちょっと厳しいことを言いましたが、私たちはどうしてもラクなほうへと流されがちです。「クリティカルな思考」というのは、その本来の意味が示すとおり「懐疑的」「批判的」な、少しハードな思考を自分自身に向けて行うわけですから、やはり少しだけ強く意識することが必要なのです。

「懐疑的」「批判的」というと、なんだか〝イヤな人〟のように聞こえますが、そうではないので安心してください。むしろ「本当のところはこうだよ」と、自分も周りもスッキリさせるような思考ができるようになるということです。

最初は、そういう考え方をするのは難しく感じるかもしれません。ですが、一度、身に付いてしまえば、情報に惑わされたりすることなく、みんなに「それ、いいね」と言われるような思考ができるようになるので、むしろ楽しくなるといってもいいかもしれません。

Step 1　前提を自分でちゃんと確認する（それは本当？）

「論理思考」をするときの思考作業で、まず最初のステップとなるのが、自分の「ひらめき」や「直感」、あるいは「これが問題だ」「これをやればいい」と思いついたことに対して、**「それは本当？　だからなに？」と自分でツッコミを入れることです。**

「論理思考」でよく使われる用語では「So What?」と呼ばれる作業です。これはいいテーマになる！　このアイデアを提案したら喜ばれるかも！と、自分のテンションが高くなっても、そもそもテーマ設定自体が間違っていたり、相手には必要のないものだったら、ダメですよね。

最初にボタンを掛け違えると、結局、ぜんぶのボタンをあとから掛け直さないといけなくなるわけですから、「クリティカルな思考」をして最初のボタンを掛け違えないようにしておくことは、とても大事です。

「クリティカルな思考」とはなにかを考えるときに参考になる、インドの寓話があります。

インドの山奥で6人の目の不自由な旅人たちが、目の前の道を塞ぐ「ある巨大な物体」に遭遇しました。

あまりにも大きな物体を前に6人は「どうしたものか」と悩み、それぞれ自分で物体を触ってみて、各自が思いついたことを言ったのです。

耳に触った人は「これは大きな扇だ」。
足に触った人は「いや、これは木の幹だ」。
尻尾に触った人は「これは、太い綱だ」。
脇腹に触った人は「いや違う、壁だ」。
鼻に触った人は「これは、蛇だ」。
そして、6人目は牙に触り「これは、槍だ」と断言しました。

もうおわかりのように、じつはこの「巨大な物体」とはゾウなのです。

6人は、それぞれ「正しい」と思ったことを言っているわけですが、もし、それを前提に「巨大な物体」を動かそうとしたらどうなるでしょう。

本当はゾウなのに「太い綱」だと思って引っ張ったりしたら大変なことになります。

この寓話には、いろんな〝メッセージ〟が含まれていますが、「論理思考」ということで考えた場合、**最初にできるだけ全体を俯瞰《ふかん》して、前提となる問題を正しく捉えることが大切**だと示しているのではないでしょうか。

真実は「ゾウ」なのに、まったく見当違いのものを「前提となる問題」にしてしまって、そこから解決策を導き出そうとすると、どれだけ思考を深めても、正しい解決策を導くことはできないのです。

これはきっと「木の幹」だから斧で切り落とせばいいんだ、と思いついても、その時点で自分自身に「それは本当?」「それ以外に見落としていることは?」とツッコミを入れて自問自答してみることを習慣づけてください。

そして、自分が真の問題を正しく捉えているのかチェックしてください。

「相関関係」と「因果関係」を一緒にしない

前提を自分で確認するときにやってしまいがちなのが、本当はあまり関係がないことをいかにも関係性が高いかのように認めてしまうことです。

極端な例ではありますが、たとえば、街頭でこんなアンケートをしていたとします。

《現在は法律で禁止されていない、「ある行為」についてお伺いします。

最近の調査で自動車で速度違反を起こした人の94％が違反前の24時間以内に「ある行為」をしていて、さらに人命に関わる重大な交通事故を起こした人の97％が事故前の24時間以内に同じ「ある行為」をしていたことがわかりました。

この「ある行為」は法律で禁止して取り締まるべきでしょうか》

おそらく、街頭インタビューされたほとんどの人が、交通事故につながるほどの「危険な行為」なら禁止すべきではないかと答えるでしょう。

しかも、そんな行為が現在は法律で禁止されておらず野放しになっているのなら、なおさら良くないのではないかと考えるかもしれません。

しかし、アンケートで示されている「ある行為」が、そもそも本当に法律で取り締まらなければならないほどの危険な行為なのかどうか、まず確認することが大切です。先ほどのアンケートの内容では、その前提となる「行為そのものの危険性」については一言も触れられていません。

しかし、このアンケートで示されていた「ある行為」が「朝食を摂る」という行為だとしたらどうでしょうか？

アンケートでは交通事故などを引き起こす前提として「ある行為＝朝食を摂る」があげられていたわけですが、そもそもふつうに考えれば、自動車で事故を起こす起こさないにかかわらず、ほとんどの人が「ある行為＝朝食を摂る」ということをしているはずです。

朝食を摂るという行為そのものには（特殊な食品を摂取しない限り）交通事故につながる危険性なんて存在しません。

それなのに、事故の危険性と朝食の摂取が、いかにも結び付くかのように数字を使って質問されてしまうと、つい私たちはなにか重大な関係があると思い込んでしまいがちです。

まず、Ｓｔｅｐ❶「前提を自分でちゃんと確認する」ということが、アンケートに限らず、なんらかの問いを示されたときにできるかどうか。**前提と結果との間に、じつはそれほど重大な関係性が存在しないこともたくさんあります。**

にもかかわらず、私たちが「うっかり」間違った前提を結果と結び付けてしまうのは、ものごとの「相関関係」と「因果関係」を一緒にしてしまっているからです。その違いを見てみましょう。

【相関関係】＝結果的に関係性はあるものの、直接的な原因と結果としての関係はないもの
【因果関係】＝結果的に関係性があり、合理的かつ直接的に原因と結果の関係となるもの

文章として読むと、その違いがはっきりします。しかし、「相関関係」があるだけのことを原因と結果のように思い込んで決め付けると、そこから解決策を考えて行動しても「うまくいかない」ことが多いのです。

毎朝バナナを食べると健康にいい？

さらに「クリティカルな思考」をしてみましょう。
メディアの情報で「バナナは健康に良い」ということが取り上げられたのを目にした人もいると思います。たしかにバナナは栄養価も高いですし健康に良さそうです。それに、おいしいバナナは1本食べただけで結構満足度もあって私も好きです。

ただし、ここでも「バナナは健康に良い」から「バナナを毎朝食べれば健康度が上がる」とは言えません。

「バナナを食べる習慣のある人は食べない人に比べて長生きである」という調査結果があったとしても、それだけで「バナナを食べることが長生きの要因である」と決め付けることはできないわけです。


たとえば、朝起きてなにも食べずに1日の活動を始める人と、バナナを1本食べて活動する人を比べれば、後者のほうが活動的で、なんらかのテストなどをしても成績も良いと考えられます。

人間が筋肉や脳を動かして活動するためには脂質や、糖質から体内で生成されるグリコーゲンなどのエネルギーが必要ですが、糖質は脂質と違って、体内に余分に蓄積することができないため、朝起きたときには空っぽの状態。

そこで、消化吸収に優れたバナナはエネルギー補給に最適な食べ物のひとつといえます。

しかもバナナには、体内ですぐに吸収されてエネルギーになるブドウ糖や果糖、比較的ゆっくり吸収されてスタミナを持続させるデンプンまで、複数の糖質がうまく含まれています。

つまり、バナナを食べると、1日の活動のスタートダッシュが利いて、しかも持続性も期待できるというのは、論理的にも正しいといえるでしょう。

それなら「毎朝、バナナを1本食べれば健康になれる」と言ってもいいような気がしますが、クリティカルに考えると「バナナが健康度を上げる」と言い切ることはできません。

実際には、朝食でバナナを食べる人は、牛乳やヨーグルト、あるいは野菜なども一緒に摂取している可能性があります。また、そもそも朝食にきちんと気を使う（コストや時間をかける、内容も吟味する）人は、それ以外にもジムに通ったり、ウォーキングやランニングをしたり、喫煙をせず比較的規則正しい生活をするなど、生活全般で常に「良いパフォーマンスを出せる」コンディションでいることを意識しているとも考えられるでしょう。

他の要因もたくさん相関している中で、たまたまなにかひとつの要因が目立ってしまうと、それがいかにも結果を握っているかのように見えることがあるので要注意。

もちろん、そうした「因果関係」に関係なくバナナを適度に食べるのは、おそらく私たちの生活にマイナスに作用することはないはず。ただし、「相関関係」と「因果関係」を取り違えて、健康のために毎朝バナナを食べることが必要というような結論を出すのは「クリテイカルな思考」とは言えません。

当たり前のことを言わない

ミスをした部下に対して、こんな〝指導〟をする上司はいませんか。

「なんでそんなミスをするんだ？　確認不足だからそうなるんだ。みんなに迷惑がかかるから、今度から誰かに事前に確認してもらうように」

一見、論理的でもっともなことを言っているようですが、果たして、これで部下の行動が改善されるのかというと怪しいところです。

おそらく、状況が違ってもまた同じようなミスをして、そのたびにこの上司はお決まりの指導をするのが目に見えています。それに、他のメンバーも「事前確認」という〝余計な仕事〟が増えることに不満を持つかもしれません。

確認不足でミスが起こる。それ自体は「当たり前」のことですが、そこになんらかの「問題」が潜んでいるのではないかと頭を働かせることが「クリティカルな思考」の第一歩です。

・確認不足でミスを招く　↓　確認を徹底してミスをなくす（なんちゃって論理思考）
・確認不足でミスを招く　↓　そもそも確認しなくても済むように仕組みを変える（真の論理思考）

「確認を徹底してミスをなくす」ということでは表面的な論理で終わっています。しかし、それでは当たり前。そこをもう一歩踏み込んで考えると「そもそもミスが発生しないような環境にする」ということが本質的に大切であることが見えてきます。

本来、仕事の目的とは「ミスをしないこと」ではなく、「いい成果を出す」ことです。それなのに「ミスの撲滅」のために時間やコストをかけて肝心の仕事の成果にフォーカスしなくなってしまうのでは本末転倒。

ここでもう一度確認しておきましょう。「クリティカルに考える」というのは、**当たり前のように出てくる答えや、当たり前のように考えてしまうことを「一歩踏み込んで掘り下げること」**です。

なにごとに対しても「当たり前のことを言わないようにする」と言い換えてもいいかもし

れません。

クリティカルな思考の3つの基本姿勢

当たり前のように出てくる答えや、当たり前のように考えてしまうことを、「それは本当？」と一歩踏み込んで掘り下げるために、日ごろから身に付けておきたいのが**「クリティカルな思考」の3つの基本姿勢**です。

①目的はなにかを常に意識する
②思考パターンの枠を意識する
③問い続ける（So What？　Why So？）

①目的はなにかを常に意識する

自分が今やっていること、これからやろうとしていることは、そもそも「なんのためなのか」という目的を常に意識する。

たとえば、近所のコンビニに牛乳を買いに行くという「目的」なら、そのために「普段着で財布と携帯電話やスマートフォンと鍵ぐらいを持って出かける」という行為をそれほど考えなくてもできるでしょう。

コンビニに牛乳を買いに行くという「目的」なのに、「時間をかけておしゃれをして旅行用のスーツケースを持って出かける」なんていう目的からズレたことはしないですよね。

ところがビジネスにおける問題解決では、皆さんが思っている以上に本来の目的からズレた思考や行動をしてしまっているケースがあります。

ある宅配ピザチェーンの例です。

《宅配ピザチェーンBでは「アツアツ焼き立てピザを注文後30分以内にお届け」ということを売り文句にしていました。しかし、注文が多いときには、ピザの製造やデリバリーが間に合わず、30分以上かかってしまうケースがあり、注文客からのクレームに対応するのが大変でした。

そこでデリバリー要員を増やしたり、注文の多いメニューのピザは見込みで焼いてストッ

■図2　3つの基本姿勢

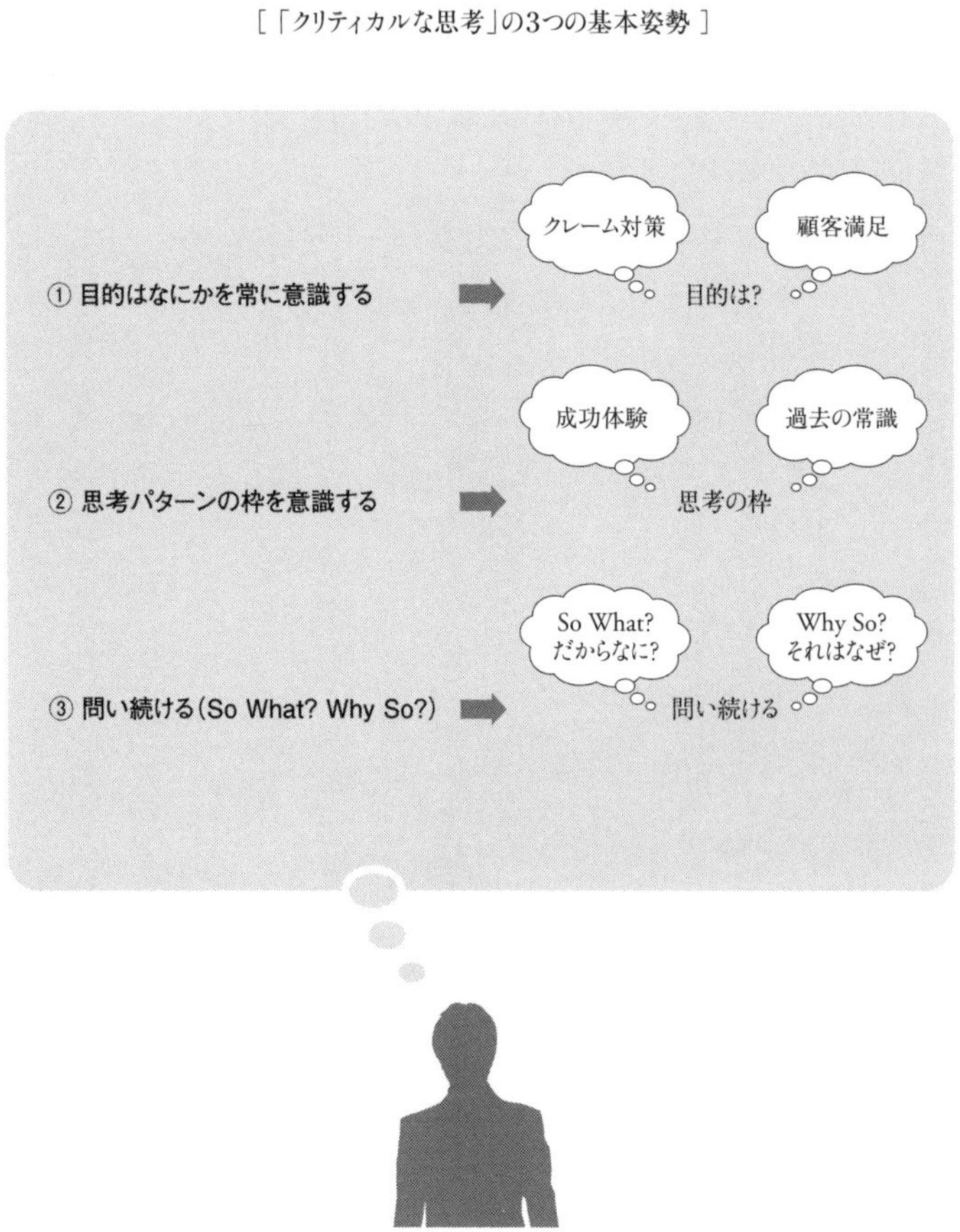
[「クリティカルな思考」の3つの基本姿勢]
① 目的はなにかを常に意識する
クレーム対策
顧客満足
目的は?
② 思考パターンの枠を意識する
成功体験
過去の常識
思考の枠
③ 問い続ける(So What? Why So?)
So What?
だからなに?
Why So?
それはなぜ?
問い続ける

クしたり、30分以上かかったときには次回割引券を進呈したりしていましたが、やはりクレームは減りません。スタッフもそうしたクレーム対応が不満で定着率が悪くなっていったのです》

さて、この宅配ピザチェーンの、そもそもの「目的」はなんでしょうか？　クレームはたしかに減らしたいものですが、本来、注文客が望んでいるのは「所要時間の短縮」ではなく「アツアツのおいしいピザを家で手軽に食べたい」ということ。

だとすれば、宅配ピザチェーン側の目的は「アツアツのおいしいピザをできるだけ早くお届けする」ことですよね。そのために所要時間が多少長くなったとしても、30分で少し冷めたピザが届くより、40分で「アツアツのおいしいピザ」が届くほうが注文客の満足度は高いはずです。

実際、30分という縛りをなくし、40分前後でお届けするというオペレーションに変更するとクレームはほとんどなくなりました。

つまり、30分以内にお届けするということを目的にするのをやめて、本来の目的に立ち返ったことでクレームの発生要因そのものをなくすことができたわけです。

このようにビジネスでは、目の前の課題や問題に対応することが「目的」になっていることがよくあります。その作業が日常的になっていると、なおさら、そのことについて誰も疑問を持たなくなるものです。

しかし、**本来の目的から考えて「本当に必要なの？」というクリティカルな思考をすれば、その作業そのものをなくしてしまっても問題ない場合もある**ことを知っておいてください。

② 思考パターンの枠を意識する

ユネスコの無形文化遺産に登録された「和食」が注目されています。見た目の美しさと繊細な心配り、食材の多様さ、優れた栄養バランス、年中行事との深いつながりなど、世代を超えて日本の文化と一体となった「食の文化性」が世界的にも評価されているわけです。

中でも、お正月に欠かせない、重箱に美しく詰め合わされた「おせち料理」は、まさに和食の象徴的な存在といえるかもしれません。

私たちは、お正月に食べる和食といえば、重箱の「おせち料理」を思い浮かべます。そして、これが日本のお正月の伝統的なあり方だと思っている人も多いでしょう。

ところが、私たちの思考の中に無意識に存在している「お正月＝重箱のおせち料理＝伝統」という思考パターンも、じつは「本当はそうではない」かもしれないのです。

現在の私たちが「おせち料理」と聞いて思い浮かべる、あの華やかに彩られた「おせちの重箱」は、実は高度成長期の1960年代に当時、主婦層に大きな影響力を持っていた婦人雑誌やテレビの料理番組で〝紹介〟されて一般家庭にも広まったともいわれています。

それまでは、お正月といえば「お雑煮」は欠かせないものの、野菜の煮しめをつくる程度で、現在のような肉や魚、エビやかまぼこ、黒豆などの凝った料理が詰まった「おせちの重箱」というのは、それほど一般的ではなかったといいます。

ちょうど従来の大家族を主体とした家族の生活様式が、都市化によって変化し、核家族と呼ばれる「新しい家族」が誕生したタイミングで、新しいおせち料理が必要とされたのかもしれません。

逆に考えれば、「おせち料理」という食文化があったところに、ゼロ発想から「新しい現代風おせち料理」のかたちとして、従来の思考パターンの枠を壊してつくられたものが、今、私たちが食べている「重箱のおせち料理」かもしれないわけです。

それを、私たちは、日本のお正月の伝統的な和食と考えてしまっている可能性もあるのです。

ここでクリティカルな思考からいえることは、日本の伝統文化に属していると思われる重箱のおせち料理であっても、「本当にそうなの?」という思考を働かせることで、見えなかった視点や見方が発見できるということです。

ただし、クリティカルな思考を働かせようとするときに邪魔するものがあります。それが「思考の枠」です。そもそも、私たちは意識的、無意識的に日常を生きる中で、なんらかの思考の枠の中に自分を置いています。

お正月には重箱のおせち料理を食べるのが日本の伝統というのも、ひとつの思考の枠ですし、例えば長距離バスの移動は飛行機より疲れるというのも思考の枠です。

自分の中に決まった思考の枠があれば、**いちいち思考をめぐらせて判断する必要もないのでラクですが、逆にそのために「思考の枠」の中にとどまってしまい、新しい発想ができなくなっていることも多い**ので、注意したほうがいいでしょう。

ちなみに、最近では長距離バスでも快適性を重視して、飛行機のビジネスクラスやファーストクラスのような感覚でゆったり移動できるものも増えています。

■図3　思考の枠

[私たちに「思考の枠」をもたらすもの]

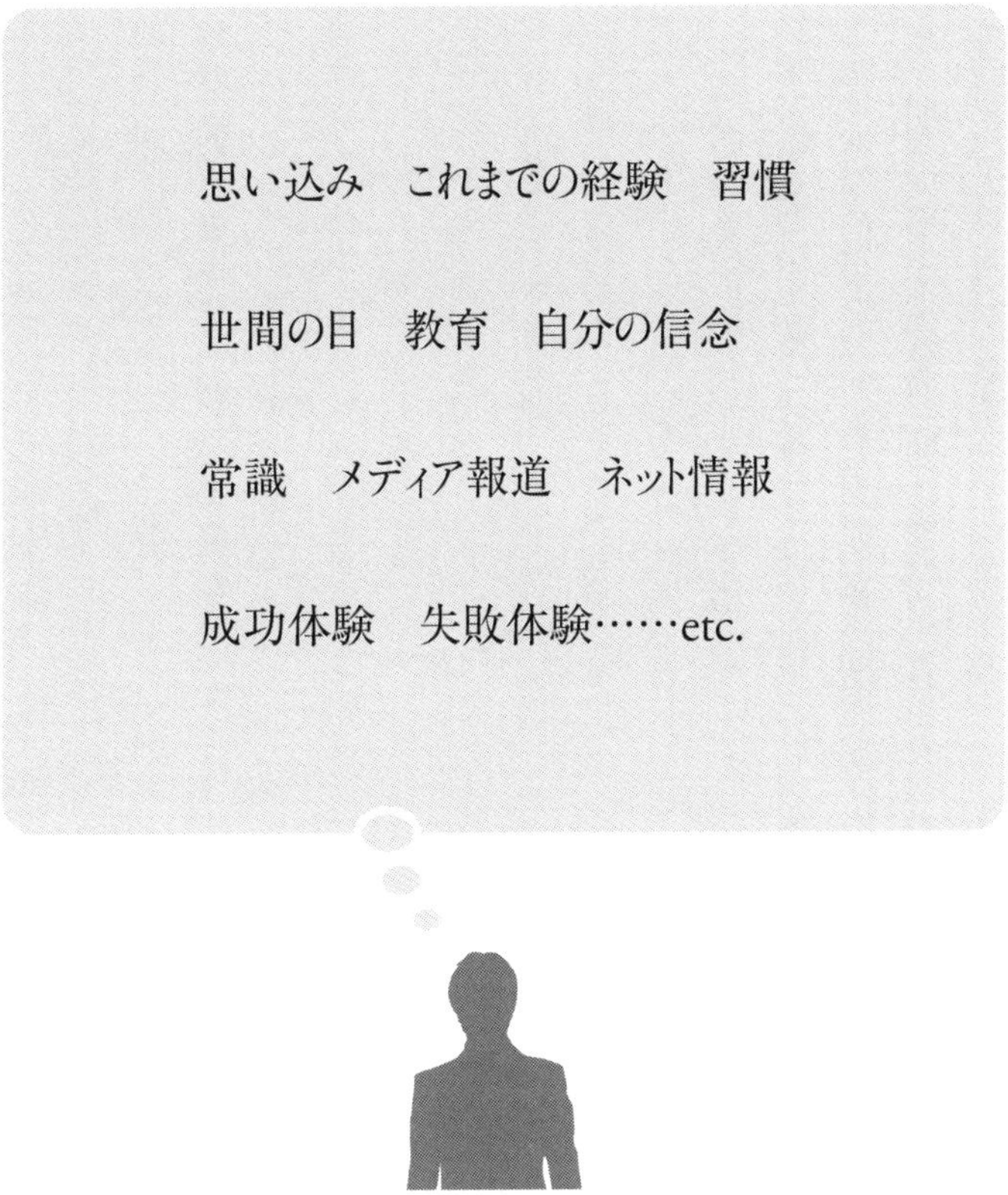

「長距離バスは疲れるもの」という思考の枠を抜け出して新しい価値提案をすることで、時間効率よりも快適さに価値を見出すユーザーに受け入れられているようです。

③ 問い続ける(So What? Why So?)

営業担当者同士の会話――。

「最近、営業の成果が思ったように出なくてさ」
「商談回数を増やさないと評価が下がるよね」
「会社が、もうちょっと値引きを認めてくれたら売れるのに」
「でも、頑張って売ってもインセンティブにあまり反映されないとテンション下がるよ」

一見、よくあるようなやりとりですが、こんな状態のまま、深く考えることもなく営業活動を続けて、果たして成果は出るのでしょうか。ちょっと疑問に思いませんか。

なにかの問題(うまくいかないこと)について話しているときには、聞く側も「クリティカルに聞く」という姿勢が重要になってきます。

お互いに愚痴や文句が入った「よくあるパターン」になりかけたときは、必ずクリティカルな思考を働かせて「問い」を入れてみてください。

「So What?（だからなに？）　Why So?（それはなぜ？）」

この2つの問いを挟みながらやりとりをすることで、「よくあるパターン」に陥ってしまうのを防ぐことができます。

もう一度、先ほどのやりとりに「問い」を入れながら耳を傾けてみましょう。

「最近、営業の成果が思ったように出なくてさ」→　営業プロセスのどの段階でうまくいかないの？　**So What?（だからなに？）**

「商談回数を増やさないと評価が下がるよね」→　成果を出すために本当に大事なのはなにをすること？　**So What?（だからなに？）**

「会社が、もうちょっと値引きを認めてくれたら売れるのに」→　具体的にどれぐらい値引きすれば、どれだけ売上がアップするの？　**Why So?（それはなぜ？）**

「でも、頑張って売ってもインセンティブにあまり反映されないとテンション下がるよ」→

インセンティブのどの部分を改善すれば売りやすくなるの？　**Why So?（それはなぜ？）**

ただ単に「営業の成果が出ない」という現象を表面的な部分だけで解決しようとしても「浅い解決」しかできません。営業成果が出ないから商談回数を増やすというのは「相関関係」はありますが、それだけで成果につながる「因果関係」があるとはいえないでしょう。

もしかしたら、商談回数よりも、商談の中身やプレゼンテーションの方法に問題があるのかもしれませんし、そもそも顧客リストが見込み違いということも考えられます。

あるいは、商品そのものが顧客にとって魅力が弱まってるのかも……。

表面に表れている、いろいろな事実を「So What?（だからなに?）Why So?（それはなぜ?）」と問い続けることで掘り下げ、構造的な問題として見えるようにすることで「なにが本当の問題なのか」がつかめるようになるのです。

クリティカルな思考を鍛える7つの習慣

目の前の問題やテーマに対して「クリティカルな思考」の3つの基本姿勢を持つことの必要性についてお話ししました。

けれども、「クリティカルな思考」というのは、具体的な問題やテーマと向き合っている

■図4　問い続ける

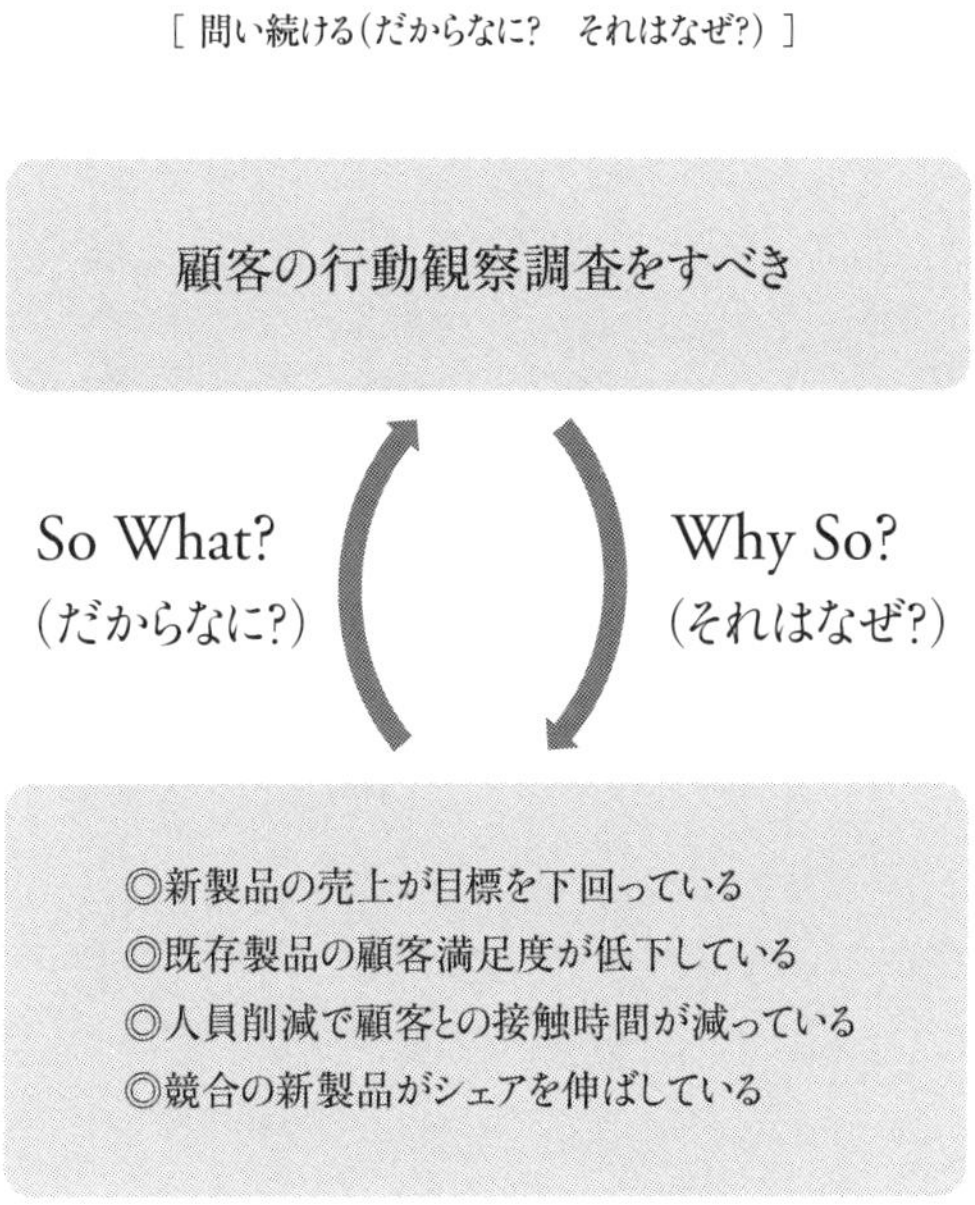
[問い続ける(だからなに?　それはなぜ?)]
顧客の行動観察調査をすべき
So What?
(だからなに?)
Why So?
(それはなぜ?)
◎新製品の売上が目標を下回っている
◎既存製品の顧客満足度が低下している
◎人員削減で顧客との接触時間が減っている
◎競合の新製品がシェアを伸ばしている

ときだけでなく、つぎのように日常生活のあらゆる場面で習慣づけることで、より自然に深めていけるものです。

[習慣 その❶] 身近な人にあえて「具体的」に話す

家族や恋人、友達や同僚などと話をするとき、無意識のうちに「わかってくれている」という安心感や思い込みを持ってしまっていないでしょうか。

たとえば、「ちょっとコンビニに行ってくるね」と身近な誰かが言ったときに、あなたが「ついでに、なにか飲み物買ってきて」と頼むとします。

頼んだ相手が身近な人であれば、「なにか＝あなたが好きな飲み物」を買ってきてもらえるという暗黙の了解があるかもしれません。そんなとき、あえて「なにか飲み物」と言うのではなく「やる気をチャージさせたいからエナジー系のドリンク買ってきて」などと、具体的に話すようにしてみましょう。

日常でも「なにかついでに飲み物」というような〝フワッと〟した話し方ではなく、「だからなに？」を意識した話し方をすることで、「クリティカルな思考」につながる「思考の筋力」を鍛えることができるのです。

[習慣 その❷] 「乗っかる」のをやめる

若者ふたりが、こんな会話をしていました。

「先輩のフェイスブック見た？」

「見たよ。でも、よくわからなかった」

「たしかに、あれじゃなにが言いたいのかわかんないよな。でも〝いいね〟しといたよ。してないの？」

「えっ、意味わからないのに〝いいね〟するの？」

「みんなしてるよ。とりあえず乗っかっておいたほうが先輩、機嫌いいんだし」

それぐらい、まあいいか。とりあえずその場がうまくいくのならと、場の空気を読んで「乗っかる」という行動をすることってありませんか。

みんなで食事に出かけて、なにを頼もうか考えてるときに、誰かが「じゃあ、今日のおすすめセットで」と言ったとたんに、他のみんなも「私も！」。

本当は別のメニューがいいなと考えていたのに、つい流れで同調してしまったり。

フェイスブックの「いいね」や食事のメニューぐらい、そんなに深く考えなくても……と思うかもしれませんが、そうやって「乗っかる」ことを習慣にしていると、どんどん自分の選択や行動の「根拠」が薄れていくのです。

ちょっとしたことでも簡単に「乗っかる」のをやめる。そして、自分がなぜそれを選んだのか、その選択した理由を考えて、ちゃんと「根拠」を言えるように（とくに聞かれなくても）してみることが「クリティカルな思考」への道です。

［習慣 その❸］　ニュースの見出しから「別のこと」を考える

《国が男女の出会いを支援⁉　「少子化危機突破基金」設立を検討――》

2013年にこんなニュースが話題になりました。国のお金を使って、結婚、妊娠・出産、子育てのしやすい環境整備だけでなく、結婚に向けた情報や機会の提供まで支援しようというのです。

このニュースは各方面で「ついに少子化対策に国が本気になった」「税金で婚活を支援するのはおかしい」など、さまざまな議論を呼びました。

「国が男女の出会いを支援」などと聞くと、いかにも情報番組で取り上げられそうな見出しですが、大事なのはニュースを「話題にする」ことだけでなく、そのニュースに対して、クリティカルな思考を働かせてみることです。

「So What?（だからなに?）　Why So?（それはなぜ?）」と考えると、「国が男女の出会いを支援」という見出しだけではわからないことが見えてきます。

そもそも男女の出会いや結婚、出産などは個人の考え方や意識・価値観の問題であって、国が主体的に動くものではないですよね。それなのに、あえて「少子化危機突破基金」というものを設けて結婚に向けた情報や機会の提供まで支援しようとするのはなぜなのか。

じつは、２０１３年に国がまとめた『厚生労働白書─若者の意識を探る─』において、少子化以前の問題として、結婚や恋愛をしない若者が増えていることが改めて取り上げられたのです。

結婚に関する意識では「恋人もしくは、異性の友達がいますか」という質問に対して、男性の62・2％　女性の51・6％が「恋人も異性の友人もいない」と回答。

同時に発表された「生涯未婚率（50歳になって一度も結婚していない人）」は男性で20・1％、女性で10・6％。つまり、このまま「恋人も異性の友人もいない」という若者の傾向が続くと、さらに生涯未婚率は上昇することが推測されます。

ここで、さらに「So What?（だからなに?）」と考えてください。生涯未婚率が高いということは国にどんな問題をもたらすのか。

日本が戦後復興を進めていた1950年には生涯未婚率は男女とも1%程度でしたから、それだけ結婚する男女が多く、出生率も高く、人口構成割合に占める年少人口（0歳〜14歳）の割合も35・4%ありました。

このとき年少人口だった、いわゆる「団塊の世代」が、その後の日本の高度経済成長の原動力のひとつとなったわけです。

それに対して2012年の人口構成に占める年少人口（0歳〜14歳）の割合は、わずか13・0%しかありません。ここからいえることは、今後、日本の生産年齢人口（15歳〜64歳）が著しく少なくなるということです。

少子高齢化がこのままさらに進めば、年金、医療、介護などの社会保障システムや経済システムに与える影響はとても大きくなります。

だからこそ（実効性の問題はありますが）国が男女の出会いや結婚、出産まで、予算を組んでも支援しようというニュースが流れてくるわけです。

このように、日常耳にするニュースに対してもクリティカルに考えてみることで、その背景や意味合い、あるいは別の視点が見えてきます。

【習慣 その4】 衝動買いの前に考える

「これ、安いよね。買っちゃおうかな」

たまたま通りかかったお店で、他のお店では割引していない商品に「本日限り40％OFF！」なんていう表示がされていると、思わず「今、買わないと」という気になってしまうことがありませんか。

中には、本当に価値あるものが、なんらかの理由で安くなっていることもありますが、自分にとって、それは**本当に〝買い〟なのかどうか**、衝動買いの前に一度、立ち止まってクリティカルに考えてみましょう。

もともと「本当に必要」なものなら、価格に関係なくすでに買っているかもしれません。

もし、たまたま割引されている店を通りかかることがなければ買っていないとしたら、これから先も買っていない可能性だってあるわけです。

そう考えると、衝動買いの本質は、じつは、その「もの」自体を手に入れるのが目的なのではなく、「安く買えた（といっても支出はあるわけですが）」という満足感が得られることが目的にすり替わっているのかもしれないわけです。

心理学には「アンカリング効果」と呼ばれるものがあります。これは特定の情報や条件が印象に残ることで、そのあとの判断や行動に影響を及ぼす心理効果のこと。

たとえば、まったく同じ3500円のクッキーの詰め合わせがA店とB店に置いてあったとします。

A店では、1000円前後のクッキーが中心なので、3500円の商品を見たお客は「高く」感じます。ところがB店では、5000円前後の価格のクッキーが多く、3500円のクッキーの詰め合わせを見ると「安く」感じられるのです。

よく考えると、A店とB店どちらで買っても3500円のクッキーの価格も価値も変わらないはず。それなのに、「アンカリング効果」によって、B店のほうが「お買い得」のように思えてしまうわけです。

日常の買い物という行為ひとつでも、割引価格に惑わされずに、自分の本当の目的と照らし合わせて「これは本当に買いなの？」と、ちょっと深く考えることを習慣づけてみてください。

［習慣 その5］ 事実と意見を区別する

つぎの発言の中に〝事実〟はいくつあるでしょうか。

「最近、風邪が流行ってるから予防でマスクしてる人が多いよね」

正解は「ゼロ」です。

そもそも風邪が流行っているというのは、どういうことなのでしょう。医学的には「風邪」という病気（疾患）はなく、「咳」「発熱」「鼻づまり」「全身倦怠感」などの症状を主訴とする状態を便宜的に「風邪」としていて、実際には、さまざまな疾患の総称です。

そのため、「風邪が流行ってる」というときの前提となる「風邪」そのものが、具体的にどのような症状なのかがハッキリしないと、予防のための対策も考えるのが難しくなります。

「風邪の予防」といっても、対象範囲が広すぎてすべての症状を予防することは難しいというわけですね。

「マスクしている人が多い」というのも、たまたま、その場にいた人たちがマスクをしていただけという可能性もあります。主観的な情報だけで「マスクをしている人が多い」と言えるでしょうか。つまり「多い」の定義が曖昧なので、これも本当に多いのかどうかはわかりません。

人との会話の中では、よくあることですが、クリティカルな思考を働かせると、**一見「事実」を言っているように思えても、じつは、その中身は言っている人の「意見」にすぎない**ということも少なくないわけです。

もちろん、身近な人との他愛ない話の中では、「事実と意見」がごちゃ混ぜになっていても、そのまま会話を楽しむことができればいいと思います。ですが、あえて意識して「事実」と「意見」を聞き分けながら話を聴くことが、「クリティカルな思考」の習慣をつくることにつながります。

［習慣 その❻］ ソクラテスになってみる

人間は自分に対しても他人に対しても、正しいと思うこと、おかしいと思うこと、すべて問いかけることこそ卓越性の最たるものである——。

古代ギリシアの哲学者ソクラテスは、あらゆるものごとに「問い」を立てることで、その本質を明らかにしながら人間性を高めようとしました。

これは「ソクラテスメソッド（ソクラテスの問答法）」とも呼ばれ、問いによって自分や他者の中から、より良い答えを引き出そうとするもの。

たとえば「顧客満足が大切だ」と言われたら「そもそも顧客満足とはどんなものなのか」を問い、「人を裏切ることは良くない」と誰かが言っていたら「裏切りってどういうことだと思う？」とたずねてみるのです。

どんな発言に対しても、そのままにせず、なにか「問い」を立ててみる。そんなソクラテスのようなことを意識してみるのもクリティカルな思考への近道です。

［習慣 その7］ 言葉の曖昧さに甘えない

ある上司と部下の会話です。

上司「この前の件、進んでる？」
部下「あっ、あれですね。いいところまで行ってるみたいです」
上司「じゃ、なるべく早く頼むよ」
部下「わかりました。また報告します」

なんだか、よくありそうな会話ですよね。けれども、どこかに違和感を覚えませんか。

当事者同士は「この前の件」という表現で、なんのことを指しているのか「わかっているつもり」ですが、絶対に同じことを捉えているとはいえないですよね。

さらに、部下は進捗について「いいところまで」とは言っているものの、順調なのか、そこまでは進んでいるものの、なにかの問題が生じて進みが止まっているのかどうかもわかりません。それを確認する必要もあります。

上司も「なるべく早く」というあいまいな期限設定で、具体的にいつまでという指示をしていません。そのあとの部下の答えも「また報告します」では、いつごろ、なにを報告するのかも不明です。

このように、一つひとつクリティカルに「ツッコミ」を入れると、「これではダメだなぁ」と気づきますが、普段の会話では、ものごとの筋道が論理的に通っていなくても、なんとなく通じてしまうわけです。

　だからこそ言葉の曖昧さに甘えていると、肝心なときに「うまくいかない」という結果を突き付けられてしまいます。

第3講義

ロジカルに展開する

わかりやすく伝える方法

説得力のない自分から卒業する

ここまでは、主に自分の頭の中で行う「論理思考」の考え方や方法をお話してきましたが、ここからはつぎのステップ。論理思考を使いながら相手にわかりやすく伝える方法を一緒に身に付けていきましょう。

この人はいったいなにを言いたいんだろう？　一生懸命しゃべっているのはわかるけれど、肝心の「伝えたいこと」がよくわからない人っていないでしょうか。

たとえば——。

「きのう雑誌見てたら、思い出しちゃって。あのカフェ雰囲気良かったよね。映画のロケにも使われてて。来週ぐらい行きたいよね……」

プライベートな会話では、こんなゆるい流れで話をすることもあるでしょう。

お互いに情報や経験を共有している友達同士や家族、恋人なら、とくに違和感はないかもしれません。

けれども、ビジネスの話であれば、なにが言いたいのかよくわからない伝え方はNGです。先ほどの会話も「雑誌を見て思い出したのはカフェなのか映画なのか」「行きたいのはどこなのか」わかるようでわからない。論理的につながりがはっきりしない話では相手には伝わらないですよね。

とくに「自分では、すごく伝えたいことがある」ときは、その思いが先走ってしまって、そのギャップで、余計に聞いている側の人が置いてきぼりにされることがあるので要注意。

仲間同士の会話なら「なにが言いたいかわからないけど、熱い気持ちだけはわかるよ」と言ってもらえたり、思ってもらえるかもしれません。しかし、そういった「ゆるい会話」の構造に慣れてしまっていると、論理思考を働かせる必要がないため、仕事のやりとりやプレゼンテーションで、つい「日ごろのクセ」が出てしまいます。

仮に、クリティカルな思考を働かせて「深い洞察」ができたとして、それを相手に理解し共感してもらえなければ、ものごとはうまくいかず、仕事で結果を出すこともできないのです。**論理思考を使ってわかりやすく伝えるというのは、自分が伝えたいことを「説得力」と**

いう乗り物に乗せることとも言えるのです。

学生や若手ビジネスパーソンの皆さんは、とくに「**ビジネスの話とふつうの会話は構造が違う**」ということを意識してみてください。

ビジネスで必要とされる会話というのは、基本的につぎの４つの要素を満たすことで成り立つのです。

「なんの話なのか（テーマ・論点）」
「なにを言いたいのか（結論・趣旨）」
「そう言える理由はなにか（根拠）」
「なにをしなければならないのか（行動）」

これらの要素がすべて明確に伝わるように、話を組み立てることが大前提だと覚えておきましょう。

「えっ、でも私は自分の話すことに、それほど説得力を持たせる自信がない……」

そんなふうに思うかもしれませんが大丈夫。このあと、扱いやすい「説得力」の乗り物を皆さんにも紹介します。

Step 2 深く根拠を調べて伝える（～だからそうだよ）

自分の考えや、アイデアを伝えるために、「クリティカルな思考」をすると、「本当は～だからこうだ」という、説得力のある根拠がたくさん見つかります。

発見した本人は、すでに自分の中で納得できていたり「そうだったのか！」という興奮があるので、つい、そのままの勢いで伝えようとしてしまいがち。

たとえば、自動車の走行中の映像やデータを記録できる「ドライブレコーダー」という機器の販売台数が年々増加しています。もともとは、タクシーなどの業務用の車両が事故などにあったときの「証拠」を記録することが主な目的。

ところが、最近では一般の自動車ユーザーも、車外の風景や仲間内でのドライブの様子などを録画し、SNSなどで共有して楽しむ目的で、「ドライブレコーダー」を装着するケースが増えているのです。

もし、皆さんが自動車の販売に携わっているとして、売上アップを目指すなら、「よし、じゃあ早速、ドライブレコーダーを無料装着オプションにして集客しよう」と考えるかもしれません。

そこを、あえて一旦ストップしてみましょう。

先ほどもお話したように、友人や仲間内での会話なら、勢いで話して、わからない部分があっても聞き手にフォローしてもらえればＯＫですが、ビジネスでは、「本当は〜だからこうだ」という内容を、さらにロジカルに展開することがうまくいくポイントです。

つまり、**自分が伝えたい根拠を「説得力」という乗り物に乗せる**作業をするわけですね。

ロジカルにわかりやすく展開するときの3つのポイント

実際、ビジネスの場では、これからお話する「説得力」という乗り物がいろんな場面で使われるのですが、よく使われる分だけ気を付けなければいけないポイントがあります。

① 論理にモレがないか（広がり）

伝えたいメッセージの根拠となる「事実や情報」が、モレやダブりがなくきちんとそろっているかどうか、自分に都合のいい「事実や情報」ばかりをそろえていないか、確認することが大切です。

つまり、メッセージの根拠となる論理に広がりがあるかどうかを確認するということです。

② 論理が深掘りされているか（深み）

【課題となるテーマ】⇅【結論となるキーメッセージ】⇅【根拠となる事実や情報】が、それぞれ「So What?（だからなに?）Why So?（それはなぜ?）」の問いかけによって一段深く洞察されているか。

③ 論理に筋が通っているか（飛躍）

一見、論理的に成り立っていて、深い洞察がされていても、「そもそも、どうなのか」という点で論理全体を見渡してみることも大切。「So What?（だからなに?）Why So?（それはなぜ?）」**を繰り返して、論理の飛躍がないかどうかを確認する。**

先ほどの「ドライブレコーダー」を無料装着オプションにして集客を強化するというアイデアを「説得力という乗り物（ここではピラミッドストラクチャーを活用）」に乗せてみましょう。

【課題となるテーマ】

・無料ドライブレコーダーが自動車販売の集客に使えるか

【結論となるキーメッセージ】

・ドライブレコーダー付き新車でドライブ中もあとも楽しめる

【根拠となる事実や情報】

・ドライブレコーダーでドライブ中も安心
・仲間内で車内の様子も録画できて面白い
・ドライブの車窓の風景映像が思い出に
・レコーダーの単価が下がっているので大量仕入れでコストも安い

このように、ただ単に「乗り物」として新車を販売するのではなく、ドライブレコーダーを取り入れることで、ドライブが盛り上がる「エンタメ要素」や、思い出が映像で共有できる「情報機器要素」でも、新車販売の集客ができるということを伝えていくわけです。

■図5　ピラミッドストラクチャー

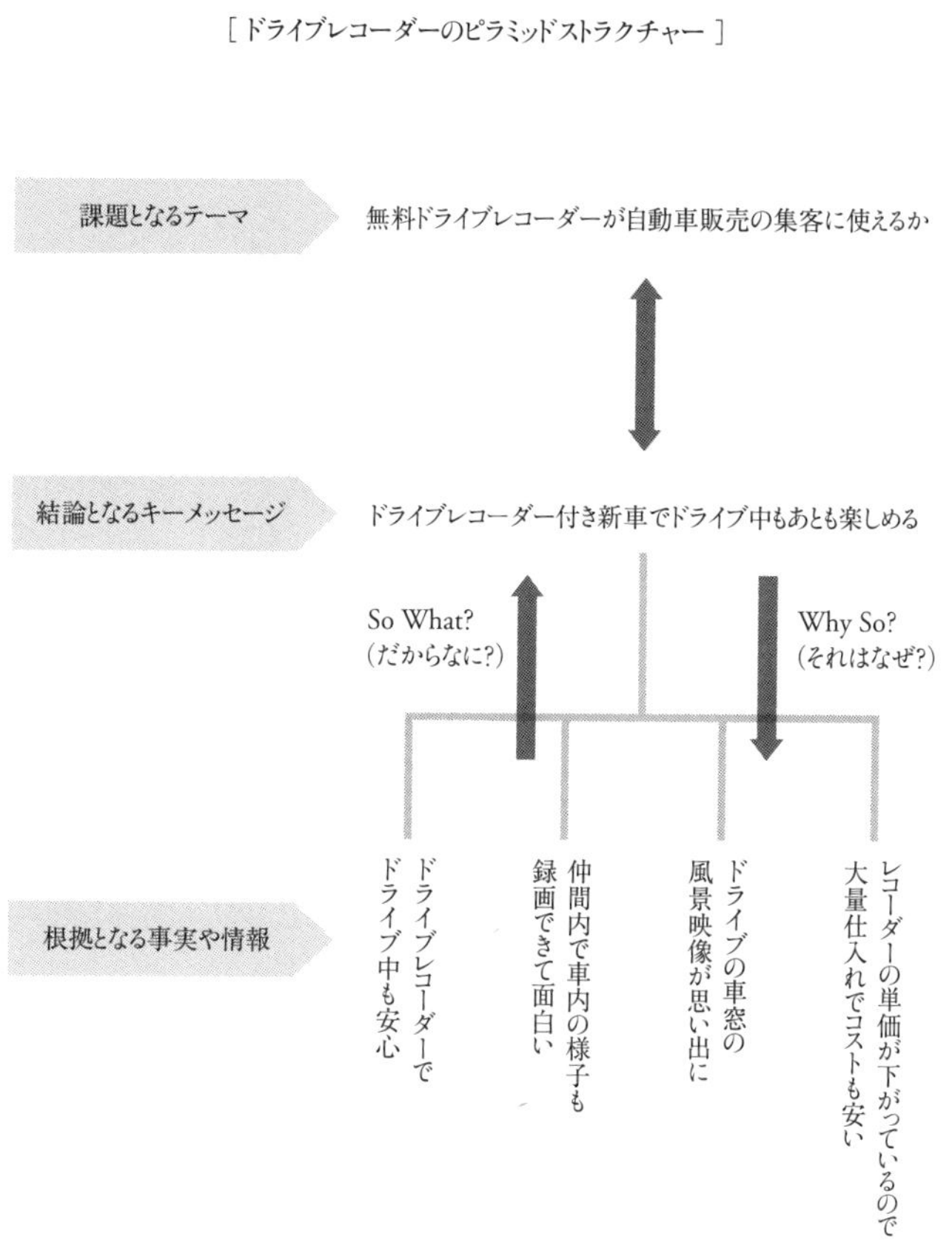
[ドライブレコーダーのピラミッドストラクチャー]
課題となるテーマ
無料ドライブレコーダーが自動車販売の集客に使えるか
結論となるキーメッセージ
ドライブレコーダー付き新車でドライブ中もあとも楽しめる
So What?
(だからなに?)
Why So?
(それはなぜ?)
根拠となる事実や情報
ドライブレコーダーでドライブ中も安心
仲間内で車内の様子も録画できて面白い
ドライブの車窓の風景映像が思い出に
レコーダーの単価が下がっているので大量仕入れでコストも安い

このとき「ドライブレコーダーを無料装着オプションにして集客しましょう」と言うだけでは説得力が弱いですよね。「説得力という乗り物（ピラミッドストラクチャー）」でロジカルに展開することで、説得力を強められるのがわかるのではないでしょうか。

ロジカルに展開するときにやってはいけないこと

「今期は、とにかくこの新製品の受注を増やすことが大事だ。絶対に目標を達成しなくてはいけない」

そんなふうに、仕事上の「やるべきこと」が決められることがあります。しかし、肝心の新製品がそもそも「イマイチ魅力に欠ける」「メリットがわかりづらい」ということも少なくありません。

とはいえ「これは売れそうにないので売りません」とも言えないわけです。

ちょっと困った状況です。

売るのが難しいと思えるような新製品をなんとかしてユーザーに買ってもらわなければならない。まさに「説得力」の勝負のようですが……。

あれ？　でもちょっと待ってください。

もともと「魅力に欠けて、メリットがわかりづらい」ものを、なんとかして売るために「論理思考」を使って「説得力」を増すことなんてできるのでしょうか。

結論からいえば、できます。

ただし――。いくら「説得力」を増して買ってもらいたいからといって、そもそも「事実ではないことを根拠があるかのように見せかけて、わかりやすく伝える」ような「論理思考」の使い方はやってはいけないことです。それは倫理に反することになります。

一流ホテルやレストランでの「食材偽装表示」が社会問題になりましたが、じつは、その問題も倫理に反する「論理思考」の間違った使い方がされていたから、ともいえるかもしれません。

説得力を増すための論理思考の誤った使い方の例

【課題となるテーマ】

・コストの安い牛脂注入加工肉を高級ステーキとして売れるか

【結論となるキーメッセージ】

・「シェフのおすすめやわらか和牛ステーキ」

【根拠となる事実や情報】

・やわらかいステーキ肉には高級肉のイメージがある
・和牛のクズ肉に牛脂を注入して成形したステーキ肉はコストが安い
・成形加工したステーキ肉も焼き上がりの見た目はステーキそのもの

もしも、本来は「魅力に欠けて、メリットがわかりづらい」牛脂注入加工肉を売るために、自分たちに都合のいい「事実」や「情報」をもとに、「説得力」があってわかりやすい「シェフのおすすめ　やわらか和牛ステーキ」というメッセージを伝えたとしたら……。

お客さんは「和牛ステーキ」というメッセージを見聞きして「牛脂注入加工肉」をイメージはしないでしょう。そうなると、伝えられたメッセージとお客さんの期待するものとの間に「優良誤認（実際より著しく優良に見せかけること）」が生じてしまいます。

事実を知ったお客さんは当然、「騙された」「裏切られた」という気持ちになります。

このとき、注意しなければいけないのは、製品やサービスを提供する側が【根拠となる事実や情報】としたものと【結論となるキーメッセージ】との間に、論理の飛躍があってはいけないということです。このケースでは、明らかに倫理に反しています。

「やわらか和牛ステーキ」の【根拠となる事実や情報】とした項目（成形加工したステーキ肉も焼き上がりの見た目はステーキそのもの……など）も、それらの一つひとつは決して嘘ではないでしょう。

だからといって、「やわらか和牛ステーキ」としてお客さんに伝えていいかというところには、倫理に反する間違いがあります。景品表示法違反などの法的な問題はないのか、そもそもその肉はステーキ肉と呼べるのかといった「クリティカルな思考」が抜けてしまっているのです。

では、注意点を理解したうえで「ロジカルな展開」をしてわかりやすく伝えるために、自分で操れるようになると便利な「説得力」という乗り物をいくつか見ていきましょう。

ピラミッドストラクチャーに展開する——頭の中を見渡そう

「新サービスの企画で関係者からGO！の同意を取りたい」
「プロジェクトの推進力になるメッセージテーマをつくりたい」
「あるルールの廃止をみんなに納得させたい」
「営業上の目標設定をメンバーに伝えてその気にさせたい」

このようにビジネスにおいては、さまざまなテーマや課題を設定して、みんなにわかりやすく、しかも「説得力」を持たせて「メッセージ（なにをどうしたいのか）」を伝えなければならない場面がたくさんあります。

しかし、そのための思考作業をぜんぶ「頭の中」だけでやろうとすると大変です。難しいテーマ、複雑な課題であればあるほど、さまざまな考えがどんどん出てくるもの。

あまりにも考えることが多すぎると、いったい自分は今、なににについてどこまで考えているのかわからなくなってしまうこともあります。

そんなとき、**自分の頭の中で考えていることがぜんぶ見渡せるといい**と思いませんか。

じつは、そのための便利なツールであり、伝えたい相手に向けた「説得力」を持たせてくれる「乗り物」が**ピラミッドストラクチャー**というものなのです。

ピラミッドストラクチャーとは、その名前のとおり、ピラミッド型に論理を積み上げて、伝えたいメッセージを明らかにするためのもの。

ピラミッドストラクチャーを使ってメッセージを伝える（展開する）ときには、2つの大きなメリットがあります。

まず、自分自身で、どんな事実や情報を積み上げて、どのように伝えたいメッセージを出したのかという論理構造が「見える化される」ということです。

つまり、頭の中で考えたことがピラミッドの石のブロックのように「目の前でかたちになっている」わけですから、先ほどお話した「論理に筋が通っているか」というような注意点を目で見て確認できるわけです。

そして、そのブロックの一つひとつが積み上がって、全体のピラミッドであるストーリーがどのようにできているかを見ることができるのです。

もうひとつのメリットは、メッセージを伝えたい相手から見たときに「この考えはどこから出てきたのか」ということが明確になっているので理解や納得がしやすいということ。自分も「**なにを見て、どう考え、なにを伝えたいのか**」がブレたり迷ったりすることがなく、**相手にとっても「なんで、そんなことが言えるのか」が見える**のでコミュニケーションがうまく成り立つというわけですね。

ピラミッドストラクチャーのつくり方

相手にわかりやすく、しかも説得力を持って伝える。簡単なようで難しいことです。

そこでコミュニケーションを助けてくれるツールを使うわけですが、**ピラミッドストラクチャー**は、相手にメッセージをわかりやすく、説得力を持って伝えることのできるツールの中でも、基本的で簡単なものです。

図6はピラミッドストラクチャーの一例ですが、いちばん上にくる【キーメッセージ】が

■図6　機能性飲料市場のピラミッドストラクチャー

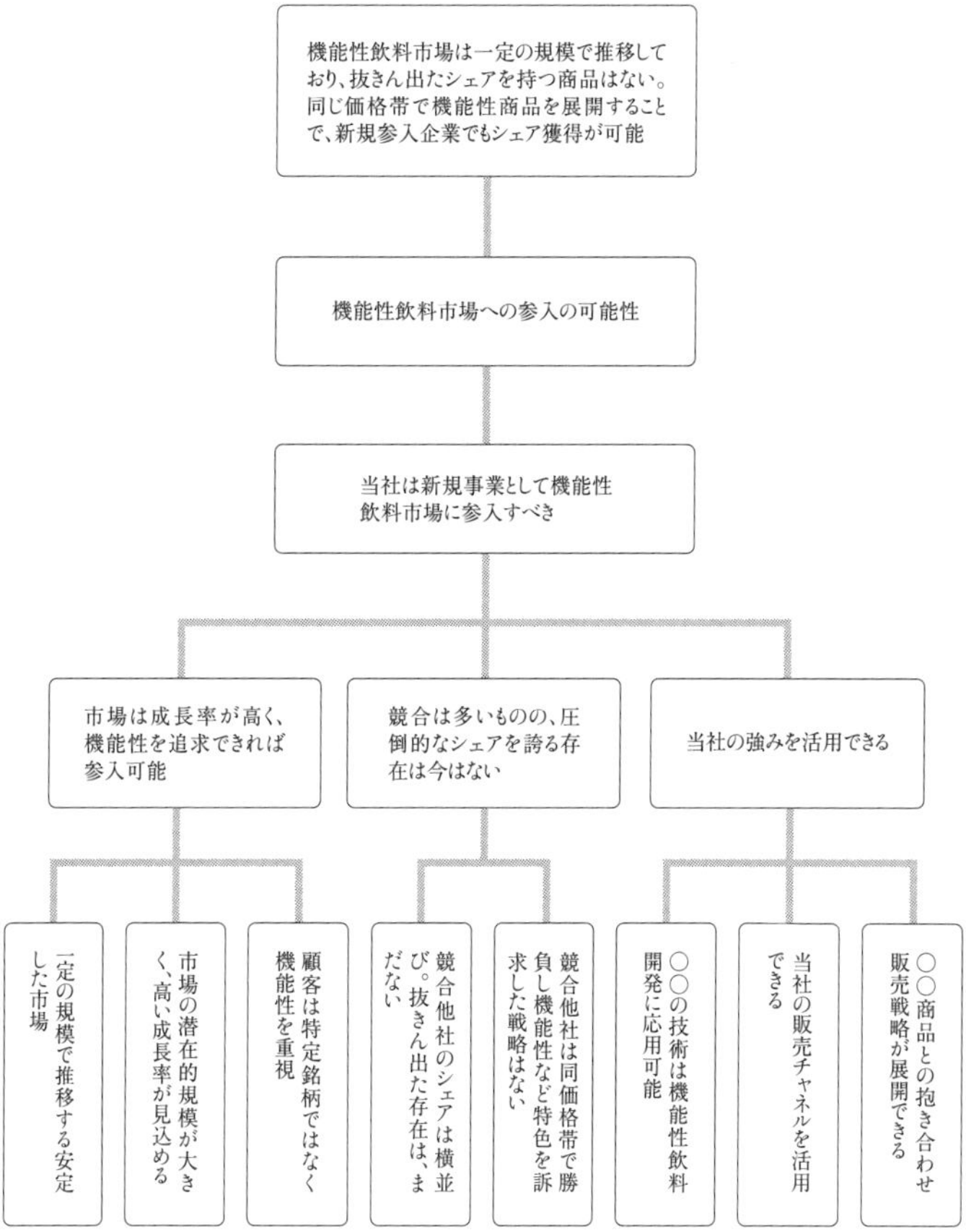
機能性飲料市場は一定の規模で推移しており、抜きん出たシェアを持つ商品はない。同じ価格帯で機能性商品を展開することで、新規参入企業でもシェア獲得が可能
機能性飲料市場への参入の可能性
当社は新規事業として機能性飲料市場に参入すべき
市場は成長率が高く、機能性を追求できれば参入可能
競合は多いものの、圧倒的なシェアを誇る存在は今はない
当社の強みを活用できる
一定の規模で推移する安定した市場
市場の潜在的規模が大きく、高い成長率が見込める
顧客は特定銘柄ではなく機能性を重視
競合他社のシェアは横並び。抜きん出た存在は、まだない
競合他社は同価格帯で勝負し機能性など特色を訴求した戦略はない
○○の技術は機能性飲料開発に応用可能
当社の販売チャネルを活用できる
○○商品との抱き合わせ販売戦略が展開できる

伝えたいこと。そして、その下にピラミッドの石のブロックのように、キーメッセージを支える【キーライン】となる「思考」や「根拠」「方法」などが論理的に配置されているのがわかります。

もし、このピラミッドストラクチャーのロジックを使わずに「とにかく伝えたいこと」を思ったまま伝えようとしたらどうなるでしょう。

ピラミッドストラクチャーに展開されていない文書の例

【新サービスの検討報告書】

新サービスについて検討しましたのでご報告します。

・現在すでに△億円程度の市場規模に拡大しています
・今後も年間10％程度のプラス成長が見込まれます
・新サービスの利益率は既存サービスより高くなることが期待できます

・新サービスに必要なノウハウはすでにあります
・我々の強みである若者ユーザーへの影響力を高めることができます
・競合他社はまだ新サービスに進出していません
・社内の新サービス企画コンテスト参加メンバーに優秀な人材がそろっています
・新サービスとのコラボでネットメディアとタイアップも可能

以上のことから、新サービスをぜひ実行するべきだと考えます。

右の文書、「今度の会議で議題にする新サービスの検討報告書を用意して」と上司に指示されてつくったものだとしましょう。

一見、箇条書きで簡潔にまとめられているように見えますが、なぜ、「新サービスを実行するべき」という結論になったのか、そこにはどんな論理的な思考があったのか、それぞれの事実がなにを意味しているのかが、よくわからない内容です。

これでは「言っていることは正しいけれど、イマイチ説得力に欠けるなぁ」と思われてしまいそうです。

ピラミッドストラクチャーに展開した例

では、この報告書の文章を使って、ピラミッドストラクチャーをつくってみましょう。すると、よりわかりやすく、説得力を持たせることができます。

まず、【課題テーマ】【キーメッセージ】【キーライン（主な根拠）】に沿って、「ＳｏＷｈａｔ？（だからなに？）」「ＷｈｙＳｏ？（それはなぜ？）」で思考を深めていくと、次のような要素が導き出されます。

【課題テーマ】

新サービスを実行すべきかどうか

【キーメッセージ】

新サービスの実行を具体的に進めるべき

【キーライン（主な根拠）】

A……市場の魅力度

「市場の成長率・潜在的魅力は高く収益貢献が見込める」

・現在すでに△億円程度の市場規模に拡大しています
・今後も年間10％程度のプラス成長が見込まれます
・新サービスの利益率は既存サービスより高くなることが期待できます

B……競争優位性

「すでにある自社ノウハウを転用可能でスタートダッシュにより市場独占」

・新サービスに必要なノウハウはすでにあります
・我々の強みである若者ユーザーへの影響力を高めることができます
・競合他社はまだ新サービスに進出していません

C……自社の状況

「社内外の協力体制が整っており早期にサービス開始ができる」

・社内の新サービス企画コンテスト参加メンバーに優秀な人材がそろっています
・新サービスとのコラボでネットメディアとタイアップも可能

これをピラミッドストラクチャーに展開すると、図7のようになります。このようにピラミッドストラクチャーに展開することで、なにについて伝えたいのかという「課題テーマ」がはっきりし、結論の「キーメッセージ」と、その結論を導き出した「思考と根拠」が明確になりました。

ただ単に、事実や情報、思ったことを並べただけの伝え方に比べて「わかりやすさ」と「説得力」が増しているのがわかると思います。

ピラミッドストラクチャーに展開するときのステップ

Step 1 課題テーマを決める

なにについての思考なのか「課題テーマ」を特定する

■図7　新サービスのピラミッドストラクチャー

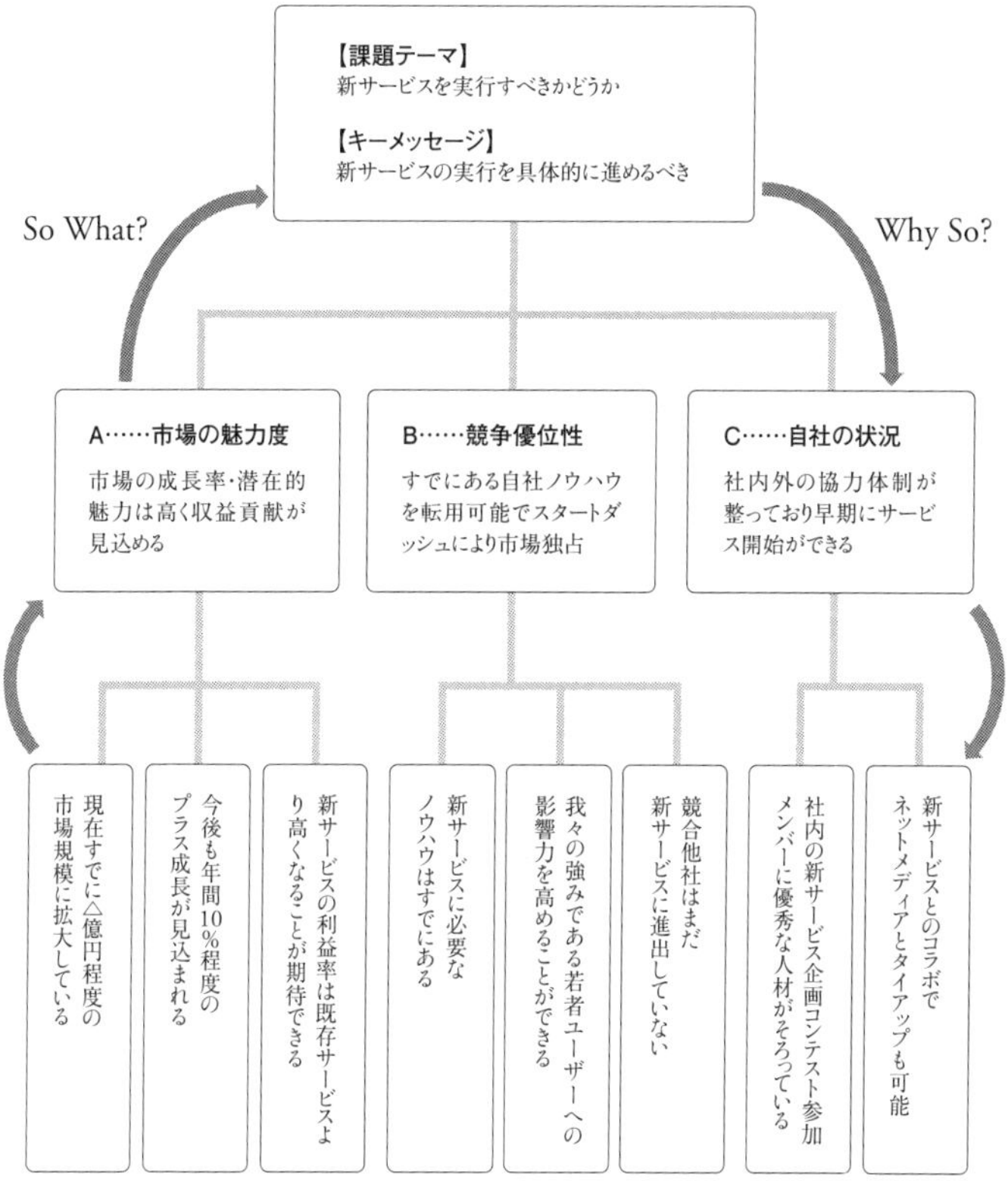
【課題テーマ】
新サービスを実行すべきかどうか
【キーメッセージ】
新サービスの実行を具体的に進めるべき
So What?
Why So?
A……市場の魅力度
市場の成長率・潜在的魅力は高く収益貢献が見込める
B……競争優位性
すでにある自社ノウハウを転用可能でスタートダッシュにより市場独占
C……自社の状況
社内外の協力体制が整っており早期にサービス開始ができる
現在すでに△億円程度の市場規模に拡大している
今後も年間10%程度のプラス成長が見込まれる
新サービスの利益率は既存サービスより高くなることが期待できる
新サービスに必要なノウハウはすでにある
我々の強みである若者ユーザーへの影響力を高めることができる
競合他社はまだ新サービスに進出していない
社内の新サービス企画コンテスト参加メンバーに優秀な人材がそろっている
新サービスとのコラボでネットメディアとタイアップも可能

Step 2 論理の枠組みを考える

先ほどの例では、課題テーマが「新サービスを実行すべきかどうか」なので、事業環境を分析するフレームワークである3C（市場・競合・自社）でグルーピングする

Step 3 思考を明らかにする

「So What?（だからなに?）」という思考の深掘りを行って、そこにどんな意味があるのかをメッセージで示す

Step 4 根拠を明らかにする

「Why So?（それはなぜ?）」という問いによって、メッセージの論理の根拠を確認する

ピラミッドストラクチャーのチェックポイント

・結論が課題テーマの答えになっている
・横方向にMECE（ミーシー）な（モレなくダブりがない）関係になっている
・縦方向に「So What?（だからなに?） Why So?（それはなぜ?）」の関係が

成り立っている

MECEを意識する

ピラミッドストラクチャーで【キーライン（主な根拠）】として示されるものは、それぞれ、**MECEを意識してモレなく、ダブりなくグルーピングされている**ことが重要です。なぜでしょうか。先ほどの「新サービスを実行すべきかどうか」という課題テーマのピラミッドストラクチャーでは、「A……市場の魅力度」「B……競争優位性」「C……自社の状況」という3つのグルーピングで論理性をチェックしました。

このとき、グルーピングのやり方そのものに「モレやダブり」があると、せっかく根拠を明らかにしてメッセージを抽出しても、論理の飛躍や抜けが発生してしまうからです。

「新サービスを実行すべきかどうか」ということを考えるには、その事業環境が大きく影響してきます。

そこで事業環境を分析するフレームワークである「3C」を使って「市場（Customer）」「競合（Competitor）」「自社（Company）」というグルーピングをしました。もし、そのグルーピ

■図8　MECEのグルーピング例

MECE

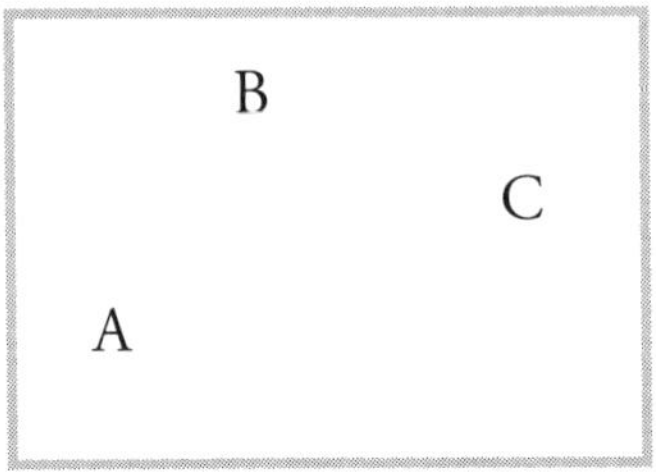

例）30歳以下の若者
A：0歳～10歳
B：11歳～20歳
C：21歳～30歳

MECEではない

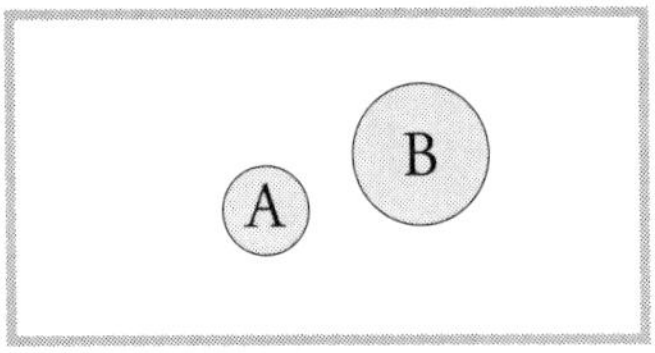

例）全体：料理
A：和食
B：洋食

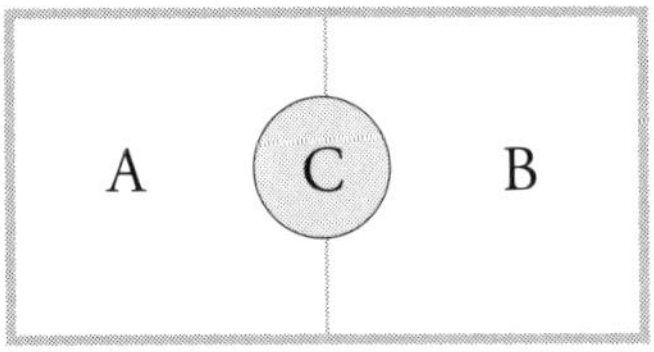

例）全体：女性
A：独身女性
B：既婚女性
C：会社員

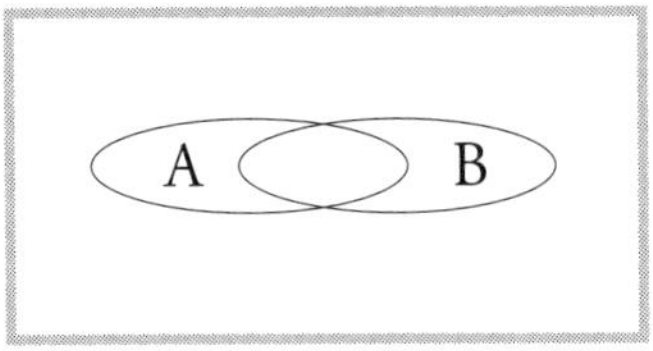

例）全体：会社の社員全員
A：電車通勤の社員
B：バス通勤の社員

ングが「市場」「ヘビーユーザー」「自社」というものになっていたら、「ヘビーユーザー」と「市場」で分析がダブり、しかも「競合」についての分析のモレが発生することになります。

展開されるロジックにモレやダブりがあれば、いくら内容そのものがピラミッドストラクチャーでわかりやすくなっていても、適切な論理思考とはいえません。

MECEとはMutually Exclusive and Collectively Exhaustiveの略。「相互に排他的で、かつそれらの総和はすべてを包括する」という意味ですが、論理思考では、よりわかりやすく「モレなく、ダブりがない」という言い方をされます。

論理思考を展開するときには「どこまで、なにを考えればいいの?」という疑問とぶつかりやすいものですが、MECEを意識することで、モレなく、ダブりなく論理思考をすることができるというわけです。

そもそも、なにからどう考えればいいのか

ピラミッドストラクチャーを使って、相手に「わかりやすく」「説得力」のある伝え方を

するのが大事なことはわかるんだけど、そもそも「課題テーマ」や「メッセージ」を出すといっても、なにからどうやって考えればいいの？

そんなふうに、ものごとの「思考法」のところで立ち止まってしまうときに使えるのが**「演繹法」**と**「帰納法」**という2つの思考の乗り物です。

「演繹法」を使ってみる

「演繹法」という名前から「なんだか難しそう」なイメージを持ってしまうかもしれませんが、じつは、私たちが日常生活でも自然に使っている思考法です。

【前提ルール（大前提）】↓**【調査観察（小前提）】**↓**【結論行動】**

たとえば――

「雨の日は電車がよく遅れる」**【前提ルール（大前提）】**

「今日は朝から大雨だ」**【調査観察（小前提）】**

「いつもより早めに家を出よう」【結論行動】

このように「演繹法」を使った思考では、【前提ルール（大前提）】にとって意味のある【結論】が必ず出るのが特徴。

最初に思いついた【前提ルール（大前提）】に、別の情報を組み合わせ、そこから結論を出す思考法で「三段論法」とも呼ばれています。

皆さんも、どこかで見聞きしたことがあるかもしれません。有名な「三段論法」のひとつが、これです。

「すべての人間は死ぬ」【前提ルール（大前提）】
「ソクラテスは人間である」【調査観察（小前提）】
「ゆえにソクラテスは死ぬ」【結論】

ビジネスの場面で「演繹法」を使って「結論」となるメッセージを抽出してみると――

「スマートフォンの普及率が50％近くになった」【前提ルール（大前提）】
「電車の中でもスマートフォンを操作している人が多い」【調査観察（小前提）】

「自社Ｗｅｂサイトをスマートフォン対応にしよう」【結論行動】

ただし、演繹法を使うときに気を付けなければいけないことがあります。【前提ルール（大前提）】が、そもそも間違っていたり、見当違いの【調査・観察（小前提）】を入れてしまうと、一見、もっともらしいのに間違った【結論・行動】を出してしまうことがあるのです。

たとえば――

「音楽ファンが減っている」【前提ルール（大前提）】
「音楽ＣＤの売上が減っている」【調査観察（小前提）】
「音楽関係の企画は中止しよう」【結論行動】

ここでは「音楽ＣＤの売上が減っている」のは事実ですが、だからといってすべての音楽コンテンツの売上が減っているわけではありません。海外のビッグネームのアーティストの来日ツアーチケットは即完売することも珍しくなく、「音楽ファンが減っている」とは必ずしもいえないわけです。

それなのに「音楽関係の企画は中止しよう」という結論を出してしまうとビジネスチャンスを逃してしまいますよね。

それだけに、「演繹法」を使った思考では、なにを【前提ルール（大前提）】や【調査観察（小前提）】に持ってくるかというセンスも問われることになります。

まったく新しい思考をしたいとき

ある問題について、ずっと考えているけれど、いい解決法がまったく思い浮かばないときにも「演繹法」は役に立ちます。

「演繹法」では、なにを【前提ルール（大前提）】や【調査観察（小前提）】に持ってくるかによって【結論行動】がまったく違ってくるのですが、その性質をうまく使うことで、思いもよらない思考をすることもできるわけです。

ひとつ、例をあげましょう。最近では、安全思想や効率性が評価され、世界にも車両やシステムが輸出されるようになった日本の新幹線。

じつは、新幹線の悩みの種は、動力である電気を架線から取るために、車両の屋根に付いているパンタグラフ（集電装置）でした。なぜかというと、最高時速３００キロで走行する新幹線は、パンタグラフの風切り音の騒音（ヒュンヒュンという、あの音を聞いたことありませんか）が発生するのを避けられないのです。

とくに、日本特有の狭い国土事情から、住宅のすぐ脇を高速で走行する日本の新幹線の騒音基準は世界一厳しく、75ホン以下に抑えなければなりません。これは一般的な掃除機の音程度のものです。

パンタグラフは車両の屋根から飛び出しているため、高速で走行するほど空気抵抗が増え、その分だけ大きな空気の渦をつくり出し、騒音の原因となるわけですね。

この長年の問題を解決するには、これまでとはまったく違う前提を使って解決策を思考する必要がありました。そこで、【前提ルール（大前提）】としたのが「猛禽類が獲物を狙うときは速く静かに飛ぶ」というもの。

その中でも注目したのがフクロウでした。フクロウの羽には、独特の細かなノコギリ状のギザギザがあり、それによって空気中に小さな渦をつくり出し、音の原因になる大きな空気の渦ができるのを防ぎ、羽音を立てずに獲物に近づくことができるのです。

そこで、新たに開発した新幹線のパンタグラフにフクロウの羽を真似た形状のギザギザを付けたところ、騒音を基準値以下に抑えることに成功したというわけです。

「猛禽類が獲物を狙うときは速く静かに飛ぶ」【前提ルール（大前提）】
「フクロウの羽に秘密がある」【調査観察（小前提）】
「フクロウの羽を真似た構造にしよう」【結論行動】

工業製品である新幹線の騒音問題を解決するために、自然界の事実や情報を【前提ルール（大前提）】として持ってくるなんて、なんだか発想が飛んでいるように感じるかもしれませんが、こうした発想法は**「シネクティクス（類推）法」**と呼ばれて、よく使われています。

面白い発想をしたときに、発想をしただけで終わらせるのではなく、「演繹法」の思考ロジックを使うことで、実際に「使えるもの」にすることができるのです。

「帰納法」を使ってみる

「帰納法」を使った思考も「演繹法」と同じように難しいものではなく、プレゼンテーションなどの場面でよく使われています。

【複数の事実・状況】→【類似性の調査観察】→【推論（結論）】

たとえば――

「コンビニ各社のいれたてコーヒーが人気」【複数の事実・状況】
「異業種の店舗でも、いれたてコーヒーを提供し集客がアップ」【類似性の調査観察】
「いれたてコーヒーが集客の武器になる」【推論（結論）】

集客力の強化を課題にしている和食店や書店など、本来「コーヒー店」ではない業種業態の店が新たな集客の武器として「いれたてコーヒー」の導入をプレゼンテーションするとしたら、このように「帰納法」の思考を使うことができます。

いろんなデータを集めて、そこから類似する要素を見つけて、結論となる推論（提案したいことなど）の裏付けとする方法は、私たちにとっても馴染みがあるものといえるでしょう。

ビジネスの場面で「帰納法」を使って「推論（結論）」となるメッセージを抽出してみると――

「手帳のスケジュールが整理されている人の営業成績は高い」【複数の事実・状況】

「いつやるかを即答できる人の営業成績は高い」【複数の事実・状況】

「営業成績の高い人は時間管理ができている」【類似性の調査観察】

「時間管理について学ぶことは営業成績アップにつながる」【推論（結論）】

「帰納法」を使って【推論（結論）】を導き出すときに大切なのは、観察力や想像力です。

世の中でなにかが流行っている【複数の事実・状況】があるとしたら、そこにはなにか類似性があるのではないかと【類似性の調査観察】をする意識を常に持っておくのです。

そのうえで想像力を働かせて「だったら、こんなことも言えるのでは？」という【推論（結論）】を出すことで、新たな発想が生まれやすくなります。

また、「帰納法」では、【類似性の調査観察】をするときに、個人の「目の付けどころ」などによって、【推論（結論）】に、それぞれ違いが出るのは当然。

先ほどの「営業成績が高い人に共通するもの」という【類似性の調査観察】から、ある人は「時間管理について学ぶ重要性」を導き出し、ある人は「営業成績がアップする時間管理アプリ」を考えつくかもしれないということです。

なにから話せば説得力が出るのか

いざ、相手に「伝えたいこと」を話そうとしても、いつも「なにから話せばいいのか」わからなくて悩む。見切り発車で話し始めてしまって、途中で脱線したり、話がどこに向かっているのかわからなくなったり……。

「あるある」という声が聞こえてきそうですが、相手に「わかりやすく」「説得力」を持って伝えるには、思考法だけでなく、「話し方」も重要です。

皆さんは、いつも、どれぐらい「話し方」について意識しているでしょうか。

論理思考が相手に「伝わる」ためのものの考え方だとしたら、それを実際に口にするときの「論理思考に基づいた話し方」というものもあります。

伝わる話し方と伝わらない話し方

相手に話が伝わるか、伝わらないかの差は「話術」や「話のうまさ」だと思っていないでしょうか。

「あの人は、口がうまいからいいよね」「自分は口下手で損してる」と、つい、持って生まれた会話のセンスや、しゃべり上手ではないことを「話が伝わらない」理由にしてしまいがちですが、じつはそんなことはありません。

本当は誰だって、論理思考を働かせば、ちゃんと自分の伝えたいことを相手に伝える話し方ができるのです。

では、**なにが「伝わる、伝わらない」の鍵を握っているのかというと、話の順序です。**

論理的に正しい順序で伝えれば、自分の「意見」や「望んでいること」を相手に「それ、いいね」「わかった」と言ってもらえる確率は劇的に高くなります。

そもそも、相手に話していることが「伝わらない」のは、つぎの４つの要素が欠けているか、それを話す順序を間違えているからです。

ロジカルに話が伝わらない理由――

①なんの話をしているのか、話の「テーマ」がわからない
②結局、なにがいちばん言いたいのか「結論」がわからない
③どんな事実と解釈に基づいて言っているのか「根拠」がわからない
④それで、どうしてほしい（どうする）のか「行動」がわからない

どうでしょうか。話が伝わらないのは、口下手だからとかではなく、**「テーマ」→「結論」→「根拠」→「行動」という４つの要素が、相手に伝わる順序で話せていないから**ということですね。

このことは言い換えると――

「なにについて話すのか」→「なにが言いたいのか」→「どのような根拠でそう言えるのか」→「それでどうしたい（どうしてほしい）のか」

この4つの順序で話すことで「話が伝わらない」という問題は解決できるのです。

たとえば、ビジネスの場で2つの「話し方」を比べてみましょう。

《伝わらない話し方》

「効率化するにはクラウドサービスが必要だと思います。D社のサービスはおすすめです。最近、個人的にも利用しています」

これでは、自分が個人的にD社のクラウドサービスを利用しているというアピールにしかなっていません。なにが言いたいのか、結論はなにか、伝えられた相手はどうすればいいのかわかりませんよね。

《伝わる話し方》

「制作部門で共通のクラウドサービスを導入する件ですが」（テーマ）

「D社のクラウドサービスが最適だと考えています」（結論）

「無料大容量で使用でき、セキュリティも高く、バックアップなどの作業を効率化できるか

らです」（根拠）

「ＯＫがいただければ早速、導入準備を進めたいと考えています」（行動）

４つの要素を論理的な順序で話すことで、「伝わり方」も「説得力」もぜんぜん違ってくるのがわかりますね。

「大丈夫です」は、大丈夫ではない

論理思考を使って「ロジカルにわかりやすく」相手に伝える思考法や話し方について考えてきました。

じつは、ビジネスの場で相手に「伝える」ときに、うっかり話の中に混ぜてしまうと良くない**「5つのNGワード」**があるので、それもお伝えしておきましょう。

これらのＮＧワードが（これらがすべてではありませんが）混じると、論理的な話が論理的ではなくなってしまうので要注意です。

NGワード その1

「私《わたし》的には」

私はこう思うという意見を伝えるのは大事なことです。しかし、ビジネスの場で相手を納得させたり、「それ、いいね」と身を乗り出してもらうには、客観的な理由が「根拠」となっていなければなりません。

客観的な理由が「根拠」としてある場合でも、つい、それを省略して「私的には問題ないと思います」というような言い方をしてしまいがち。

「調査の結果、問題ないと思います」というように、客観的かつ具体的に言うことが大切です。

NGワード その2

「イヤです」

はっきり意思表示をしているので、たしかに相手に「ノー」という意味は伝わります。しかし、それでは子どもが駄々をこねているのと同じ。なぜ「ノー」なのかという理由が伝わらないのでは、相手はどうすればいいのかわかりません。

「この進め方ではイヤです。なんかおかしくないですか」
と言いたくなったときは、その前に、具体的にどの部分がどのように問題だと思うのか、その根拠と、自分はどうしたいのかも伝える必要があります。

NGワード―その3　「わかってます」

本当に「わかっている」のならいいかもしれませんが、相手の話に同意したくないとき（相手が正論を出してきたときなど）に、つい、言ってしまうことがないでしょうか。

「遅刻は良くないよ」
「わかってます」

たしかに「遅刻はいいことだ」と思って遅刻する人はあまりいないので、「わかってます」という受け答えも成立しそうですが、そういった状況で相手が確認したいのは「今後の対処」などのはずです。

そうであるなら「理由はわかっているので、明日から改善します」というような具体的な言い方をしたほうがいいですよね。

NGワード その4 「じゃあ、お聞きしますが」

相手の話の内容が、自分が受け入れられないものだったときに、相手の問いかけには答えずに「じゃあ、お聞きしますが」と質問返しをしてしまいたくなりませんか。

「プロジェクトメンバーをあと2人アサインしてほしいんだけど」
「じゃあ、お聞きしますが、うちのチームも大変なのはわかってますか」

この場合、相手がなぜメンバーを追加したいと考えているのかを確認してもいいですよね。理由を確認すると「プロジェクトの最後の追い込みで1週間だけ期間限定で」ということかもしれないわけです。

それなのに、相手の問いかけに答えずに反論や質問返しをするのはロジカルなやりとりとはいえません。

NGワード｜その5
「大丈夫です」

この言葉も、無意識にいろんな場面で使っているケースがありそうです。

職場で先輩から「打ち合わせ、どうする？　あとでもいい？」と、たずねられたときに「大丈夫です」と答えると、「打ち合わせしなくても大丈夫」なのか「打ち合わせはするけれど、あとの時間で大丈夫」なのか、「その先輩とは、打ち合わせしたくないから大丈夫」なのか、本当のところがわかりません。

あえて「本当のところを伝えたくない」から「大丈夫です」と言っているのかもしれませんが、自分だけがわかっている曖昧な言葉を使うと、論理思考から遠ざかってしまうので気を付けましょう。

第4講義

クリティカルに発想する

それ、いいね

みんなと同じ発想から脱け出す

いよいよ「論理思考」でやるべき思考作業3つのステップの最後。ここまで、クリティカルに発想して「自分なりの意見や提案」を持つところまできました。

「前提」を自分で深く掘り下げ、なぜそれが言えるのかという「根拠」を明らかにして、自分にしか言えない深い意見を伝え、「それ、いいね」と言ってもらえるかどうか。

しかし、どれだけ「論理思考」を身に付けて、正しい情報を前提に、その情報が出てきた根拠を明らかにすることができても、**肝心の「結論」や「行動」というアウトプットに魅力がなければ「それ、いいね」とはなりません。**

この本の「オリエンテーション」で紹介した、結婚記念日に奥さんにネックレスをプレゼントするという「アウトプット」がイマイチ喜ばれなかったKさんのケースを思い出してみましょう。

「アクセサリーは女性が喜ぶプレゼントランキング上位だ」【前提ルール】
「奥さんがネックレスをネットでチェックしていた」【調査観察】
「結婚記念日にサプライズでプレゼントしよう」【結論行動】

「演繹法」の論理思考を行ったKさんの思考と行動は、論理的には間違ったものではありません。

それなのに奥さんを喜ばせることができなかったのは、インプットの発想＝【前提ルール】が、そもそもクリティカルな発想でなかったことが要因していたのです。そのために、奥さんがぐっとくる、的を射たアウトプット＝【結論行動】になりませんでした。言い換えれば、「Kさん独自の発想」ではなかったからともいえます。

「結婚記念日に女性が喜ぶネックレスをプレゼント」という発想は、Kさんでなくても思いつくものです。そこには、Kさんに「そもそも奥さんがどうしてほしいのか」というクリティカルな発想がありません。つまり、「Kさんなりの独自の発想」が抜け落ちています。

「それ、いいね」と相手に言ってもらうためには、相手のインサイト（心の深層にある本当の気持ち、感情）を引き出すような発想をする必要があります。そのためには、発想そのものをもっと「クリティカルな思考」にして、そこから結論や行動をアウトプットする必要があります。

Step 3 自分だけの深い意見を持つ（それ、いいね）

発想そのものから「クリティカルな思考」を行うには、ただ目の前の課題やテーマを見て「どうしようかな」と悩んでいても始まりませんよね。

そこで、世の中にたくさんある「アイデア発想法」を使って発想をもっと深くしてみることをおすすめします。

「アイデア発想法」というと、クリエイティブな仕事をする人が使うものというイメージがあるかもしれませんが、そんなことはありません。じつは、私たちの日常生活やビジネスの場面など、いろんなところで役に立つのです。

たとえば、友達の結婚式の二次会の司会を頼まれたとします。どうしよう。みんなを盛り上げないと……。

若干プレッシャーを感じつつ、ネットの情報を見たり、本屋さんで「司会のコツ」なんていう本を探してみたりするものの、どれもありきたりだったり、自分には難しかったりで、どうすればいいのかますますわからなくなっていきました。

「やっぱり、誰かほかの人にやってもらおうかな」

ちょっと諦めモードになって、テレビのバラエティ番組を見ていたら、一般の人（素人）がスタジオのタレントにヒントを出して「自分の特技」を当てさせるクイズをやっていたのです。

（参加者が司会をやってくれたらラクでいいよなぁ）

そんなことを思った瞬間「そうだ！」とひらめきました。自分がすべて司会をするのではなく、二次会の参加者に順番にマイクを渡して、その場で自己紹介を兼ねたクイズをやってもらえば盛り上がるし、自分も気がラク。

結婚する友達にそのプランを話すと「それ、いいね」と言ってもらえたのです。

このような発想は日常でも行っていると思いますが、じつは、数あるアイデア発想法のひとつ。「等価交換法」と呼ばれる手法です。

等価交換法を使う

具体的な思考は、４つのステップに沿って行います。

①対象となるテーマを設定する
②その対象と等価な（同じような性質、役割などを持つ）ものを探す
③等価なものにテーマを置き換えて、そこから発想してみる
④③で出てきた発想を使って、元のテーマについて考える

先ほどの、結婚式の二次会でどのような司会をするのかというテーマを当てはめてみると、

①「結婚式の二次会の司会」（テーマ）
②「素人が出題するバラエティ番組」（等価）
③「素人がクイズを出すと予測不可能で面白い」（発想）
④「二次会参加者に自分のことを当てさせるクイズをしてもらい、司会の負担を軽くしつつ盛り上げる」（元のテーマからの発想）

となるわけです。

「結婚式の二次会の司会」という思考の枠にとらわれて考え続けても、同じような発想しか

出てきません。そこで、同じような性質や役割のあるテーマに置き換えて、それを使って発想をしてみると、新しいアウトプットが出せるわけです。

ひとりブレストをしてみる

アイデア出しのためにみんなで「ブレストをしよう」というのは、よくあります。

複数の人がブレストすることで、さまざまな視点のアイデアが出てくることを狙って、みんなでブレストするわけです。そのためなのか「ブレスト＝みんなでするもの」と考えがちですが、じつは、自分ひとりでもブレストはできるのです。

そもそもブレストとは「**ブレインストーミング**（Brainstorming）」の略。元の英語である「Brainstorm」には、「ひらめき」という意味はありますが、絶対に複数の人で行わなければならないという縛りはありません。

重要なのは、新しい発想を広げ、ひらめきを促す適切な質問を設定してブレストをスタートすることです。

なぜなら、人はなにも枠のない自由な状態では、かえって自由に発想ができないという矛盾が起きるからです。

たとえば、駄菓子を主力とする製菓企業の経営者から「新しい事業としてどんなことを展開すればいいか、自由に発想してほしい」と言われたら、なにが出てくるでしょうか。自由にって言われても、広すぎてあまりアイデアは出てこないのではないでしょうか。

では「大人でも楽しめる駄菓子のアイデアを発想できないか」という質問であればどうでしょうか。「お酒に合う大人の駄菓子」や「コレクターアイテムになるような大人のおまけ付き駄菓子」など、アイデアはいろいろ出てきそうです。


つまり、なにもない「自由な」状況で考えるよりも、発想を促すような独創的で具体的な「質問の枠」があったほうがブレストは自由にできるのです。

なにより重要なのは、クリティカルな発想で、質の高いブレストを促す、適切な質問を最初に設定することができるかどうかです。

これは、すでにある「箱」の中で考えるのではなく、箱がまったくない状態で考えるのでもなく、「新しい箱」を用意して、その中で考えてみるということ。

「新しい箱」を用意して適切な質問を設定することができれば、自分ひとりでも、アウトプットを必要としているテーマについて、「できる、できない」の枠を外して自由にいろんな意見やアイデアを出してみることができます。

ブレストを行うときには、つぎの5つのルールを守ることで、よりクリティカルな発想が生まれやすくなります。

①適切な質問を設定する（発想を促す新しい箱）
②どんな考えやアイデアも批判せず結論を出さない（批判禁止）
③ざっくりした発想でもなんでも自由（自由奔放）
④完成度や質よりも量をたくさん出す（質より量）
⑤出てきた考えや発想を使ってさらに発想を展開させる（発展的展開）

そして、最終的にはブレストの目的やテーマと照らし合わせて、「これは、使えそう」と思えるアイデア・発想を絞り込んで「具体的検討」を行うところまでやるのです。

結果から考えてみると、最終的に「具体的検討」に値するような、実現可能性があって、しかも面白いアイデア・発想というものは、「クリティカルで（深い洞察のある）適切な質問」をもとにしたブレストから生まれてくるものです。

《**発想を促す新しい箱（適切な質問）からのブレスト発想例**》

「ユーザーにとって知らない間にストレスになっていることはなんだろう」

・スマートフォンの充電がすぐになくなる
・充電ケーブルを接続しなくても、電波で勝手に充電されたらいいな
・定額充電付きのプランでバッテリー切れの心配がないスマートフォン……

自分以外の人になりきって考える

皆さんはコンビニの人気定番商品「冷し中華」を食べたことがありますか。

「冷し中華」というと真夏の暑い時期にしか売れないイメージがありますが、じつは、真夏以外の季節でも「冷し中華」は売れることをご存知でしょうか。

街の中華料理店では、夏になると「冷し中華はじめました」のポスターが貼り出され、それ以外の季節ではほとんどメニューから消えてしまっています。

それなのに、なぜコンビニでは「冷し中華」を真冬以外の春・夏・秋と並べて売ることができるのか。コンビニといえば、効率的な経営の象徴のような存在ですから「売れない商品」を品揃えすることはないはずです。なにか売れる秘密があるのではないでしょうか。

じつは、コンビニ最大手のセブン‐イレブンでは、「冷し中華」のスープの味を、季節ごとに変えてお店に出しているのです。

まだ少し肌寒い春先の季節には「まろやかな味わいのスープ」、夏真っ盛りの時期には涼味を感じられる「酸味のきいたスープ」、少し涼しくなってきた秋には「やや甘みのあるスープ」といった具合に、同じ「冷し中華」でも、季節によって最もおいしいと感じられる味に変化させることで、ほぼ年中販売することができるというわけです。

ふつうに考えると、いくらコンビニでも夏の暑い時期以外に「冷し中華」は売れないのでは?と思ってしまいがちですが、「本当に真夏以外に冷し中華はおいしくないの?」というクリティカルな思考をすることで、固定概念を破って、新しい発想にたどり着くことができるのです。

とはいえ、私たちは「冷し中華は夏の食べ物」なので「夏にしか売れない」というような決まった思考パターンに陥りがち。

そこで、おすすめなのが、誰でも自分の思考パターンを打ち破れる「**シックスハット法**」という「アイデア発想法」です。

シックスハット法を使う

その名前のとおり、6種類の色の帽子を被って、6つの違うパターンの思考をするというもの。自分以外の人の思考になりきることで、自動的に自分の固定概念や思考パターンを打ち破れるのがポイントです。

①白【客観的思考】数字やデータ、信頼できる情報をもとに考える
②赤【直感的思考】感情や感覚、直感的な発想をもとに考える
③黒【否定的思考】課題やリスク、損失などをもとに考える
④黄【肯定的思考】評価できる点やメリットなどをもとに考える
⑤緑【創造的思考】革新的なこと、これまでにないものをもとに考える
⑥青【プロセス管理思考】全体を見渡し実現性をもとに考える

それぞれの色の帽子を被っている（実際には色の付いたカードなどを持つのもいいですね）ときには、その色で決められた思考パターンだけで考えるのが唯一のルール。

そうすることで、いつもの自分では考えないようなことを考えられるようになるというわけです。

たとえば――。

日本酒の販売をもっと増やしたい酒屋さんが「どうすれば若者や女性に日本酒の魅力を知ってもらえるか」という課題テーマで「シックスハット法」を使ったアイデア出しをすると……。

①白【客観的思考】数字やデータ、信頼できる情報をもとに考える
・京都の酒蔵では日本酒出荷量が30年ぶりに伸びている
・海外での日本酒人気が高まっている

②赤【直感的思考】感情や感覚、直感的な発想をもとに考える

・日本酒は「おもてなし」の心が伝わる
・大吟醸などの日本酒は意外に飲みやすい

③黒【否定的思考】課題やリスク、損失などをもとに考える
・若者のお酒離れが進んでいるので難しい
・日本酒には若々しいイメージがない

④黄【肯定的思考】評価できる点やメリットなどをもとに考える
・今の若者や女性には日本酒が逆に新鮮
・美肌効果などがあって、ほどほどなら体にもいい

⑤緑【創造的思考】革新的なこと、これまでにないものをもとに考える
・若者や女性も盛り上がるサッカーの国際試合を日本酒で応援するキャンペーンをやってみては？

⑥青【プロセス管理思考】全体を見渡し実現性をもとに考える

・東京五輪に向けた「ニッポン応援日本酒」を各地域でつくる

この「シックスハット法」は、何人かで「帽子の色」を取り換えながらやってもいいですし、自分ひとりでやっても大丈夫。

思っている以上に、自分でも想像しなかったような「思考」と「発想」が出てくるので、ぜひ一度、自分が考えたい課題テーマを使ってやってみてください。

アイデアが出ないのは「論理思考を使っていない」から

いくつかの「アイデア発想法」をご紹介しましたが、クリティカルに発想する（深い洞察をもとに発想する）というのは、よくいわれるような「思いつき」とはちょっと違うということがおわかりいただけたと思います。

アイデア発想というと「もともと頭がやわらかい人」や「クリエイティブな人」が得意な「ひらめき」のことで、ふつうの人には難しいと思われがちです。

しかし、そもそも人間はなにもない状態から、突然アイデアが湧き出してくるということはありません。

クリエイティブなアイデア発想の天才のように見える人も、前提となる課題テーマをまったく持たず（問題意識もなく）、いろんな事実や情報のインプットや観察もせず、「それ、いいね」と言われる発想（アウトプット）をしているわけではないのです。

本人が意識しているか、していないか（思考プロセスがオートマティックにできてしまっている）の違いはありますが、なにかの発想が生まれるには、なんらかの「仕組み」があるということです。

つまり、**アイデア発想や「ひらめき」というのは、偶然が生むものではなく、じつはとても論理的な仕組み＝論理思考によって生み出されるもの**といってもいいのではないでしょうか。

人間の脳の仕組みや機能から考えても、アイデア発想は、じつはとても「論理的」に行われていることがわかります。

感覚器を通して、外部からのさまざまな情報や刺激を認識して学習する大脳皮質には高度な「連想機能」があり、脳のニューラルネットワーク（神経回路網）と連想機能によって人間はいろんなアイデアを思いつくことがわかってきました。

私たちがよく経験する「ひらめいた！」という状況は、脳の持つロジカルな仕組みと働きによって、過去のさまざまな経験や知識、五感から得られる情報などを参照して、アイデアを導き出しているのです。

つまり、私たち人間の脳には、あらかじめ「論理的にアイデアを発想できる」仕組みが備わっているのですから、前提となる課題テーマをうまく設定（適切な質問をするなど）すれば、あとは「論理思考」に従って思考するだけで、アイデア発想や「ひらめき」ができるのです。

そう考えると、アイデア出しが苦手なんていう人は、そもそもいないということになりますね。

独自のユニークな発想ほど、論理思考が大きな武器になる

世の中のあらゆる問題の本質に鋭く、しかもユニークに斬り込むことで人気の社会派ブロガーちきりんさん。月間２００万ＰＶ（ページビュー）を誇るブログ『Chikirinの日記』は、皆さんも読まれたことがあるかもしれません。

ちきりんさんは、ときどき「なるほど、そうきたか」と思われる、ズバッと鋭い、しかもちょっと「ユニークな」発想の問題提起をされるのですが、その内容は不思議なぐらい説得力があって考えさせられるものです。

たとえば――。

2014年1月1日のエントリでは**《全国の子供たちに告ぐ：お年玉はソッコーで使うべき！》** http://d.hatena.ne.jp/Chikirin/20140101 というタイトルで「お年玉を大事に貯金するのはおかしい」という主張と提案をされています。

皆さんも経験があるかもしれませんが、子どものころ、お正月にもらったお年玉を親から「大事に貯金しておきなさい」と、使わないようにすすめられた人は少なくないでしょう。「子どもはすぐに無駄遣いするから」という親の論理は、一見、もっともです。それに「子どもが大きなお金を持つのは良くない」という倫理観（？）のようなものもあるのかもしれません。これらは、過去からの経験、あるいは今までの教育による「前提条件」でもあるといえます。

そこに、ちきりんさんは異を唱え、その前提条件である「思い込み」にチャレンジしているわけですが、なぜ、子どもこそ、もらったお年玉をすぐに使うべきという一見「ユニークな発想」に説得力を持たせられるのか。

じつは、ちきりんさんのブログエントリは、このお年玉問題に限らず、**ユニークな視点と発想に基づいた主張が非常に論理的に構成されている**という特徴があります。

つまり、この本でも主題としている「クリティカルに考え（深い洞察による自分の考えを持ち）、ロジカルに展開する（わかりやすく伝える）」という論理思考の基本に基づいているから、わかりやすく説得力があるわけですね。

【課題テーマ】

「子どもはお年玉を貯金するべきなのか」

（課題テーマが出てきた背景）

『いつの時代もお年玉は、子供にとっては大きな額であり、貰ってすぐに使えば、いつもならとても買えないモノが手に入る〝使い甲斐の非常に大きな額〟です。

ところが親の勧めに沿ってお年玉を〝とりあえず貯金〟してしまうと、大人になった後、

「お年玉で何を買ったか」全く記憶に残りません。』（ブログエントリより引用）

【前提ルール】

「お金の価値の上昇スピードと、本人の稼ぐ能力の上昇スピードには違いがある」


【調査観察】

「子ども時代に貯金した5000円を数年たって使っても、大きな喜びや感激は得られない」


『小学校の時に5000円もらったとしましょう。

この子にとって5000円は、自力ではとても手に入れられない大きな額です。その当時、欲しくて欲しくてたまらなかった何かを買っておけば、心から「やったー!!! うれしい!!!」と思えたでしょう。

ところが数年が過ぎ高校生になると、貯金していた5000円は最早そこまで大きな額ではありません。

バイトをすれば一日で稼げる額になってしまっているからです。もしくは、自分の欲しいモノもそれなりの値段になっており、小学生の頃に使っていれば得られたほどの感激は、

もう手に入りません。』（ブログエントリより引用）

【結論行動】
「子どもは、お年玉にもらった大きなお金を、貯金せずそのとき使うべき」

『そして人を育てるのは（＝私たちの稼ぐ力の源となるのは！）、1万円の貯金ではなく、「こんな世界が世の中にあるんだー!!!」という、若い頃の未知なる世界との遭遇から得られる驚愕であり、衝撃なのです。

お年玉というのは、もらった本人がすぐに使えば、ものすごく価値が高いにも関わらず、貯金して数年も置いておくと、〝生活費の誤差〟にさえ成り下がってしまう程度の額です。

このことを理解したうえで子供時代に戻れば、「もらったお年玉はソッコーで使うのが吉」だとわかるでしょう。』（ブログエントリより引用）

そのうえで、ちきりんさんは「大人になっても、お金に対するその考え方は同じである」としています。

最近、20代、30代の世代でも「老後のことを考えて」貯金をするという考え方が強くなっていますが、「それは本当に価値をもたらすのだろうか」という「課題テーマ」の投げかけです。

『20代の頃ならその数万円で、月に何回かは多く飲みに行くことができ、人生を左右する誰かと、（もしくは）人生を左右する何らかの言葉や機会と、出会えるかもしれないのです。

そのお金を使って見に行ったイベントや、読んだ本や、出かけた旅先で、あなたを次のステージに導いてくれる〝何か〟に遭遇するかもしれないのです。

遊びや付き合いを制限し、若い間の貴重な時間を犠牲にして幾ばくかのお金を節約しても、40代になった時、あなたにとってその数万円（＋利子）は、大した額ではなくなっているかもしれません。

というか、あなたが順調に成長さえしていれば、その額は20代の時に（貯金のために）諦めたモノの価値とは比べ物にならないほど、小さいはずなんです。

貯金をすることが、あなたの世界を広げてくれる消費より、本当にいいお金の使い方だと思いますか？　だとしたらあなたは、自分の将来の価値を、自分自身でさえ信じていないのでしょう。』（ブログエントリより引用）

子どものお年玉の話だけでも、十分説得力があるのですが、それをさらに「大人になってからのお金の使い方」とも結び付けて論理展開していることで、このブログエントリのユニークな発想が、とても現実的な問題として感じられるわけです。

第5講義

クリシン＋ロジシンで独創的な飛躍をする

論理的なだけでは食べていけない

ミスは良くないことだ。だからみんなでミスをなくさなければいけない。

こんなふうに言う人がいたとして、「それ、いいね」とはなりません。論理的に間違ってはいませんが、「So What?（だからなに?）」と言いたくなりますよね。

問題を含んだ状況があり、そこからどんな「課題」を探ることができるか（クリティカルシンキング）。そして、自分で設定した「課題テーマ」について――

Step 1 前提を自分でちゃんと確認する（それは本当?）

Step 2 深く根拠を調べて伝える（〜だからそうだよ）

Step 3 自分だけの深い意見を持つ（それ、いいね）

この3つのStepを「ロジカルシンキング」を使ってクリアします。このように「**クリシン＋ロジシン**」の両方がセットになって、はじめて「それ、いいね」と言ってもらえるわけです。

この「クリシン＋ロジシン」がセットになっている思考法が、私が繰り返し述べている本物の「論理思考」だということです。

この本では、**「クリティカルに考え（深い洞察による自分の考えを持ち）、ロジカルに展開する（わかりやすく伝える）」**ことを、論理思考の基本としてお話していますが、それには現実的な理由があります。

ビジネスの場では、クリティカルな思考を働かせて「自分の考え、自分の課題テーマ」を見つけるだけでは「いい考え」で終わってしまいます。「いい考え」を、ロジカルな思考を使って「正しく実行し結果を出す」ところまでやって、はじめて評価されるわけです。

よく「論理思考だけではビジネスの場では通用しない」と言う人がいますが、それは「クリティカルな思考」から課題テーマを持つところまでで終わっているからでしょう。あるいは「論理的に正しいこと」は言えたりやれたりしているのですが、「クリティカルな思考」で自分だけの課題テーマの設定（気づき）ができていないのかもしれません。そのどちらかだと思います。

ビジネスでも使える、つまり「それ、いいね」と、周囲がぐっとくるような「論理思考」

とは、クリティカルに思考して自分なりの課題テーマを設定し、そこから具体的な行動レベルまで、わかりやすくロジカルに展開することを意味するのです。

これが、使える「論理思考」であり、この本で皆さんに説明している論理的な思考法です。

たとえば「ミスはなくさなければならない」という考えを「So What？（だからなに？）」という問いで深掘りし、自分だけの課題テーマをつくると――。


【課題テーマ】

「ミスそのものより、ミスを発生させる環境が問題ではないか？」

【前提ルール】

「オフィスを全面的に片づけるとミスが減る」

【調査観察】

「オフィス内の顧客対応に必要な資料や販促品の位置を決め、目的別にラベルを付けて一目でわかるようにしているオフィスではミスが80％減った」

【結論行動】

「個人で管理していた顧客対応資料や販促品を共有化する」

このようにミスだけにフォーカスするのではなく「ミスそのものより、そもそもミスを発生させる環境が問題ではないか」というクリティカルな思考をして、そこから「論理思考」によって「それ、いいね」と言ってもらえる行動レベルまでわかりやすく展開できる人になることが大切なのです。

「いい考え」を思いつくだけではダメですし、みんなも行っている「当たり前の正しい仕事のやり方」ができるだけでは、みんなと一緒になってしまいます。つまり、「クリシン＋ロジシン」の両方が身に付いている人がビジネスの場で評価されて「食べていける人」、どんな状況でもクリエイティブに生きていける人になれるわけです。

「クリシン＋ロジシン」を鍛えるノート

「論理思考」は大切そうだし身に付けたいけれど、そういう思考を必要とするコンサルティングのような仕事をしているわけではないので、なかなかそんな機会がなくて身に付かない……。

そんなふうに考える人もいるかもしれませんが、「論理思考」はコンサルティングのような仕事をしている人だけに必要なものではありません。

たとえば、商店街の八百屋さんも「論理思考」を使っています。

お客さんが、大根の箱の前で悩んでいるとしましょう。よく見ると、お客さんの手には商店街の「かまぼこ屋さん」の小さな袋が。そのとき、皆さんが八百屋さんの店主だとしたら、どんなふうにお客さんに声をかけるでしょうか。

A「お客さん、大根が旬でおいしいよ！」

B「お客さん、大根半分に切ろうか」

どちらの声のかけ方も八百屋さんのお客さんへの対応としては「論理的に正しい」ものですよね。大根を売りたいわけですから、旬の大根のおいしさをアピールするのは当然だし、長い大根を半分に切るサービスだってよくあることです。

しかし、「かまぼこ屋さん」の小さな袋を見て、たとえば、もしかしたらこのお客さんは「おでん」の材料をかまぼこ屋さんで買っていて、この日のメニューはおでんなのかもしれないと推測することもできます。

ここからが「論理思考」です。

【課題テーマ】
「どうしたら目の前のお客さんは大根を買ってくれるのか」
【前提ルール】
「冬場は、おでん用の大根がよく売れる」
【調査観察】
「目の前のお客さんは、かまぼこ屋さんの小さな袋を持っている」
さりげなくお客さんに声をかけて確かめてみる
【結論行動】
「少人数のおでん用に大根を半分に切って売る」
「『おでんに相性のいい大根、半分どうですか』と提案する」

こんなふうに自分だけの「気づき」からクリティカルな思考を働かせて、「それ、いいね」と相手に言ってもらえそうな提案ができるとしたら、それは「論理思考」ができているということではないでしょうか。

この八百屋さんの場合なら、ただ単に旬の大根のおいしさをアピールしただけの声かけよりも、「論理思考」を働かせ「少人数のおでんには、大根1本は多すぎる」と考えて「半分に切っておすすめする」という提案をしたほうが、大根を買ってもらえる確率は高くなります。

じつは、この「論理思考」は皆さんが学生であっても、どんな職業であってもできることです。

たとえば、職場で上司に翌週の有給休暇を申請したのに、良い顔をされなかった。いくら権利のあることだからといっても、上司との関係や職場の空気を悪くしたくはないですよね。そんなときに「論理思考での振り返り」をしてみるのです。

言葉でしゃべっているときには、流れでそのまま言ってしまっていることでも、ノートに書くという作業をすることで「ここは、論理的につながってなかった」というような気付きをすることができるからです。

やり方は簡単。その日に会った相手とのやりとりを思い出して「なぜ、相手に伝わらなかったのか」「なぜOKだったのか、NGだったのか」ということを「論理思考」に当てはめて記入例のようにノートに書き出してみましょう。
もちろん、最初は失敗経験のほうが多くて当たり前。でも、それをそのままにせずに「論理思考」を使って確かめる作業を習慣にすることで、必ず「クリシン＋ロジシン」が鍛えられていきます。

【振り返りたい問題】
「上司に翌週の有給休暇を申請したら『難しい』と言われた」
【前提ルール】
「有給休暇の申請は1週間前までに行うのが社内ルールだ」
【調査観察】
「上司が関わっているプロジェクトでトラブルが発生している」
「トラブルを解決するために人員が必要」
【結論行動】
（振り返り）
・時期をずらして申請したほうが良かった
・先にトラブル解決のサポートを申し出てみても良かったかも

・翌週の有給休暇を申請して、同時にサポートも買って出て、もしトラブルが解決しなかったら申請を取り消すことを上司に伝えても良かったな

新規事業が盛大にコケるのはなぜ？

最近20代、30代の若手ビジネスパーソンの中には自分の会社の仕事をしながらも、組織の枠を飛び越えて、ソーシャルなネットワークで出会った仲間と、まったく新しいアイデアをかたちにしようとしている人も少なくありません。しかし、残念なことにアイデアだけで終わってしまうことが多いようです。

また、「これはいける」と盛り上がってスタートした新規事業がしばしば大コケしてしまうのは、なぜなのでしょう。

私は、その要因のひとつは、「論理思考」が足りないからではないかと考えています。

アイデアはすごくいい。けれど、そのアイデアの価値がうまく伝えられていない。あるいは、新しいものをつくり出すことをサポートできる仕組みやお金はある。しかし、なかなか

「それ、いいね」と言われるような発想が出てこない……。

もうおわかりのように、どちらも「論理思考」を本当にうまく使えば解決できる可能性があります。

自分たちで「これはいい！」というアイデアや発想が生まれたときには、どうしても「アイデアを生かすこと」ばかりに考えが向いて、そのアイデアの実現に対する障害をどう乗り越えるか、どうやって良さを伝え、結果に結び付けるかという思考が薄くなりがちです。

反対に、ものをつくり出す仕組みや予算があるときは「どうやって、早くかたちにするか」という実現性のほうに思考が偏ってしまい、そのアイデアは本当に価値があるのかということが、なおざりにされてしまいがちです。

結果、どちらのケースも、実際のビジネスには至らないわけです。

新しい計画の可能性を「論理思考」で考えるメリット

- 賛成は得られやすいけれど「ありきたり」なプランを除くことができる
- 明らかに「無謀すぎる」プランのリスクを減らせる
- 旬なテーマだけど「今だけの流行」で成長性が乏しいものを見分けられる

・アイデアは面白いけれど「ビジネスにならない」ものを軌道修正できる
・別のアイデアと組み合わせることでさらに「実現可能性」を高められる

自分の考えが「うまくいく」シナリオをつくる

「論理思考」を使って自分だけの意見やアイデアを出し、みんなに伝えて「それ、いいね」と同意してもらうことができたとします。

しかし、そこがゴールかというと、そうではありません。

なぜなら、ビジネスの場では「それ、いいね」と同意を得た意見やアイデアを実行して「結果」を出すところまでやって、はじめて「うまくいった」と言えるからです。

ここで注意しなければいけないことがあります。**みんなに評価された意見やアイデアを行動に移すとなると、もう評価されただけで「いい結果」が出るような気がして夢が膨らんでしまったりしないでしょうか。**

せっかく「それ、いいね」と言ってもらえても、「結果」が予想していたものと違ったり、目標に届かなかったり、想定外の事態が起こって困ったことになってしまう。そうなってしまう可能性だってないとはいえません。

「えっ、でも結果なんて、やってみないとわからないのでは？」という考え方もあるかもしれません。たしかにそのとおりですが、さらに「論理思考」を働かせることで、意見やアイデアの実行段階でも、確実にうまくいくような「結果」につながるように確率を上げることができるのです。

シナリオ分析で「未来」を見に行く

なにごとも「やってみないとわからない」からと、成りゆき任せにしてしまったら、「結果的にうまくいったとき」はいいかもしれませんが、うまくいかなかったときは大変です。

この本では「論理思考」を働かせて課題テーマを設定し、それに対する自分だけの深い思考に基づくアウトプットを論理的に展開する方法をお伝えしてきました。

つまり「論理思考」によって、これから自分が「やろうとしている」ことを相手にわかりやすく伝え、根拠を示して納得してもらうプロセスをいろんな視点から見てきたわけです。

ということは「論理思考」を使えば、その先の「実際に、その意見やアイデアを実行したらどうなるか」という未来のことも、やってみなければわからないではなく「根拠に基づいて納得できるプロセス」として示すことができます。

そのような「未来のプロセスを論理的に考える」方法として使えるのが**「シナリオ分析」**というツールです。


「シナリオ分析」とは、これから実行しようとしていることに関して**「うまくいったときに起こること」「うまくいかなかったときに起こること」、それぞれを想定して、あらかじめ「対策」までシナリオとしてつくっておく**ことです。

どんなに「それ、いいね」と同意を得られたプランでも、実際にやってみると、思いがけないところでアクシデントが発生したりするものです。時には、プランが想定以上に「うまくいった」ために、逆に良くないことが起こることだってあります（たとえば、商品が売れすぎて供給が間に合わずクレームになるなど）。

そういった想定されうるシナリオを事前につくり、対策をシミュレーションしておけば、どのような状況になっても確実に結果につなげることができるというわけです。

また、シナリオ分析ができることで、意見やアイデアを出す人の「信頼感」を増すことにもつながります。

古い時代の話になりますが、皆さんは１９２９年のアメリカに端を発した大恐慌のことを学校で習ったと思います。

このとき、たくさんの企業が再編を余儀なくされましたが、当時、設立間もなかったマッキンゼーが企業再編のための合併や買収のシナリオ分析を引き受けたことで、そのあと、コンサルティング企業としての信頼を得て成長していったということは、あまり一般には知られていないかもしれません。

当時は、企業の価値分析といえば「過去がどうだったか」ということが中心でした。それに対してマッキンゼーが行った「シナリオ分析」は、その企業が将来どのように進んでいくのか、その企業に投資した場合、どんなリスクがあり、それを割り引いてどれぐらいの収益があり、正味の現在価値は投資額よりも得なのか損なのかを分析するものだったのです。

つまり、未来に起こりうる可能性をシナリオとして想定したうえで、企業の価値がどのようになるのかを分析したわけです。

いってみれば**「起こりうる未来をタイムマシンで見に行くことができる」ようなツール**としてシナリオ分析が使われたということ。

もちろん「シナリオ分析」を使って１００％不確定要素が取り除かれることはありません

が、それでも、まったく使わない場合とでは大きな差が出ることはたしかでしょう。

シナリオ分析をしてみる

たとえば「定例会議を廃止して業務効率化を図る」というプランについて、どのようなシナリオ分析ができるでしょうか。

①プランを実行した場合のシナリオを最低2パターンつくる

うまくいった場合とうまくいかなかった場合のシナリオを考えてみます。今回はこの2パターンですが、通常は4パターンくらい、起こりうるシナリオを考えます。

A……うまくいった場合

「本当に必要な自発的ミーティングが増え、業務が活性化する」
「会議で業務が中断されなくなり、仕事の集中力が増す」
「会議のための資料づくりなどが不要になり業務が効率化される」

B……うまくいかなかった場合

「情報共有が減り、過去の事例やノウハウが生かされなくなる」

「フォローが必要なケースが埋もれ、顧客満足度が低下する」

「業務の進め方がバラバラになり、全体で生産性が低下する」

②起こりそうなことへの対策を想定してみる

次に、その起こりうるシナリオへの対策を考えます。

A……うまくいった場合

「本当に必要な自発的ミーティングが増え、業務が活性化する」

↓自発的ミーティングで出た意見やアイデアを共有できる仕組みをつくる

「会議で業務が中断されなくなり、仕事の集中力が増す」

↓集中力を生かしてクリエイティブな業務の時間をつくる

「会議のための資料づくりなどが不要になり業務が効率化される」

↓紙で配布していた資料をクラウド上で配信する

B……うまくいかなかった場合

「情報共有が減り、過去の事例やノウハウが生かされなくなる」

↓成果の出たノウハウなどを表彰する仕組みをつくる

「フォローが必要なケースが埋もれ、顧客満足度が低下する」

↓業務サポート専任のスタッフを新たに置く

「業務の進め方がバラバラになり、全体で生産性が低下する」

↓最低限の共通業務フローを確認して共有する

③緊急度と重要度を想定しておく

想定した対策を「緊急度」と「重要度」のマトリクスに当てはめ、「緊急かつ重要」なものから手を打つ、もしくは手を打つ準備をします（図9参照）。

このようにシナリオ分析をすることで、「定例会議を廃止して業務効率化を図る」というプランを、より確実に結果につなげることができるわけです。

■図9　緊急度と重要度のマトリクス

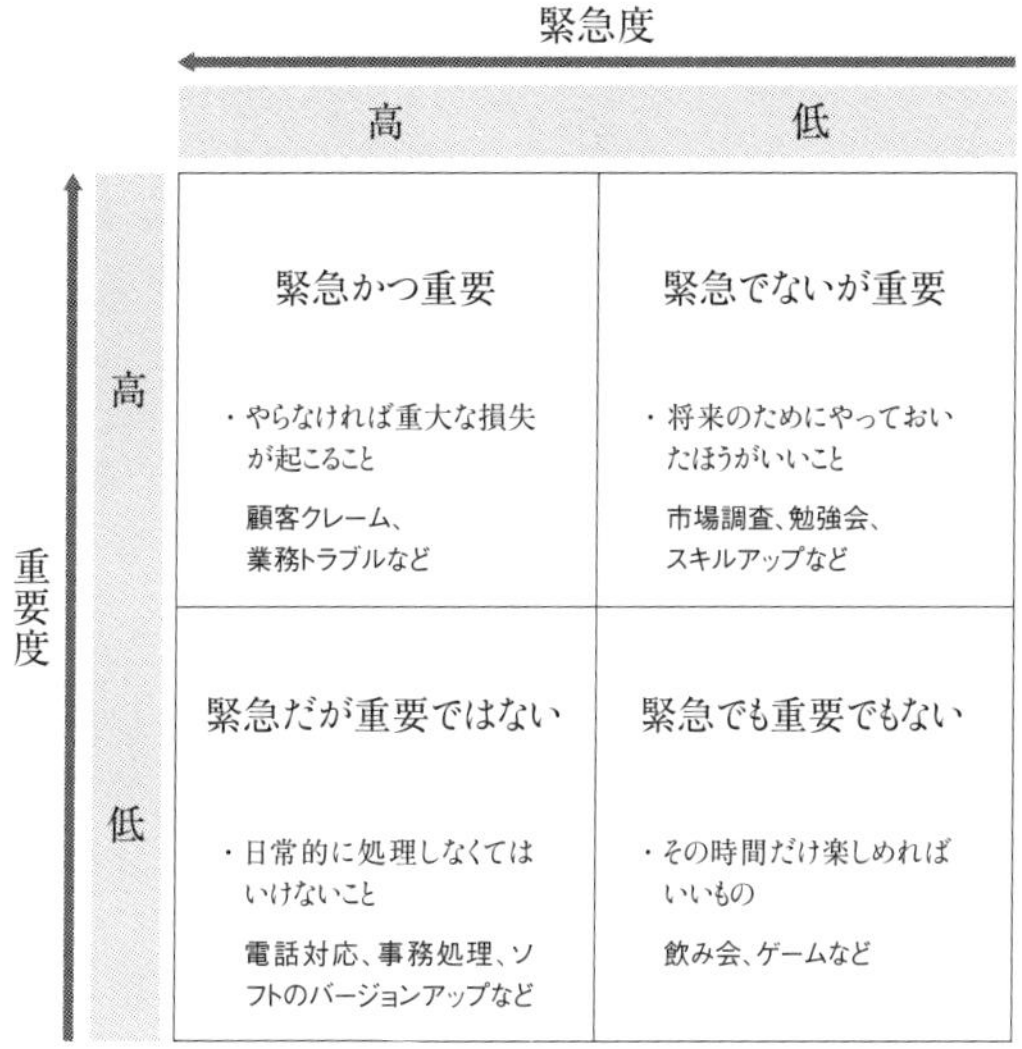

	緊急度 高	緊急度 低
重要度 高	緊急かつ重要 ・やらなければ重大な損失が起こること 顧客クレーム、業務トラブルなど	緊急でないが重要 ・将来のためにやっておいたほうがいいこと 市場調査、勉強会、スキルアップなど
重要度 低	緊急だが重要ではない ・日常的に処理しなくてはいけないこと 電話対応、事務処理、ソフトのバージョンアップなど	緊急でも重要でもない ・その時間だけ楽しめればいいもの 飲み会、ゲームなど

もっと自由に、本当にやるべきことのために生きる

みんなが、これが大切だと言っているからやる。みんなが、いいと言うからやる。そんなふうにしていることはありませんか。

そのようなあり方は、クリティカルともロジカルともいえません。じつは、「クリティカルな思考」や「ロジカルシンキング」は、私たちをやらなくてもいいことから解放し、「本当にやるべきこと」を明確にしてくれるものでもあるのです。

私がコンサルティングで関わったある企業では、ベテラン技術者に対して経営層が「もっと自分の頭を使ったクリエイティブな発想をしてほしい」と求めていました。

そして、その解決策として、クリエイティブな発想を促す研修がいいのではないか、その研修プログラムを考えてほしいというものでした。

一見、もっともなことのように思えますが、この企業の場合、まず「そもそも、その技術者たちには本当にクリエイティブな発想が必要なのか」、あるいは「そもそも、その技術者たちにとってのクリエイティブな発想とはなにか」という問いを考えることが重要でした。

そして、わかったことは、その企業ではベテラン技術者が、若い技術者のアイデアを具現化するときに、アイデアの穴を見つけて補強したり、課題が発生したときに、これまでの知識や経験を応用してアドバイスをしたりすることが、その企業のコアとなる知見であり競争力につながるということでした。そしてその知見を、若い技術者たちにいかに確実に伝授するかが、その企業の本質的な課題であり、その課題への解がその企業の強みを維持することにもなるのです。

どうやら経営層の要求は、他の企業で技術者にもクリエイティブな発想やマーケティング力を強化する研修を導入したことに刺激を受け、そうした研修を自分たちの会社でも実施したいと思ったからだったのですが、周りがやっているから自分たちもというように安直に考えるのは、それこそクリエイティブではないわけです。

この事例が示す通り、「クリティカルな思考」や「ロジカルシンキング」は、新しく何かを始めようと思ったときに、「そもそも、それが本当にやるべきことなのか」、そして「本当にやるべきことはなにか」を明確にすることができるということです。

今は、ビジネスでもプライベートでも、私たちは、たくさんの情報に囲まれ、どんどん「新しくやること」が増えていっているように思っています。だからこそ、自分の時間を効果的に使えるように、「本当にやるべきことはなにか」を「クリシン＋ロジシン」で考えることをおすすめします。

「論理思考」の穴も知っておく

「論理思考」はビジネスだけでなく、人生全般にとても大きなプラスをもたらしてくれるものです。

前著の『マッキンゼー流 入社1年目問題解決の教科書』でも話しましたが、私自身は、もともと論理的な思考の持ち主というよりも「このカフェは、なんだか雰囲気が良くて居心地がいいから、ここでミーティングしたらはかどるんじゃない？」と考えるような感覚を大事にするタイプです。

それでも、なんとか一人前に仕事ができるようになれたのは、マッキンゼーで徹底して「本物の論理思考」を叩き込まれたからだと思います。

論理思考に本物やニセモノがあるの？と思われるかもしれませんが、ニセモノとはいえないまでも、じつはかえって結果が出なくなったり、「本当にそうなの？」と思ってしまう論理思考もあるのです。

どういうものかというと、「論理思考をするために論理思考をする」というパターンです。とにかく、なにを考えるにも、なにを実行するにも「論理思考」ありきでやってしまう。たとえば、極端な例ですが、顧客からものすごい勢いでお怒りのクレームのメールが入っているのに、そこで「真の問題はなにか」と考えるのは「論理的には正解」でも、顧客対応としては「不正解」ですよね。

そんなときは、まず、なにはともあれ謝罪して事情を真摯にお伺いするというのが基本です。

他には、この問題にはこの解決策が正しいという論理思考のパターン化もあります。なんでもかんでもAという事象が発生したときは、Aの対応さえしておけばいいという考え方です。これは一見、効率よく処理しているように思えますが「本当にそれでいいの?」というクリティカルな思考が欠けています。

「本物の論理思考」をちゃんと身に付けていれば、そのときの状況をクリティカルに考え、見極めたうえで「このケースでは違う対応をしたほうがいい」という直感が逆に働くようになります。

つまり、**「本物の論理思考」**というのは、論理思考を習慣にして、**意識的にクリティカルに思考することで鋭くなった〝直感〟の正しさを、ロジカルに証明してくれる**のです。

この本を読んでいただいた皆さんが、**「クリティカルに考え（深い洞察による自分の考えを持ち）、ロジカルに展開する（わかりやすく伝える）」**論理思考を身に付け、自分のクリエイティブな直感や発想を生かせる人になってくれることを願っています。

講義のあとに――

「ネットで評価が高かったので、この案でいきましょう」

もし、皆さんが新しい商品やサービスの企画をするとして、A案で進めるべきかB案にすべきか迷ったとき。つい、ネットで類似の商品やサービスに対する評価などを参考にしてしまうことはないでしょうか。

あるいは、プライベートでも、ほしい商品や行きたいお店を決めるときに、同じようにネットの評価を気にするということもあるかもしれません。

「データとして出てるわけだし、そのほうが間違いがないんじゃない？」という考え方も、たしかにあると思うのですが、そもそも「本当にネットに出ている評価やデータがすべてにおいて当てはまるのか」というと、かなり疑問です。

もしかしたら、属性やペルソナ（価値観、趣味嗜好などのユーザーモデル）が偏った層の評価やデータしか出ていない（あるいは意図的に出されていない）ということだって珍しくはありません。

それなのに、ネットの評価を「前提ルール」として行動を決めてしまうのは、本当の意味で「ちゃんと考えている」とはいえないですよね。

今の世の中は「ランキングで評価されていること」や「データの裏付けがあること」「誰もが正解だと思うこと」が正しいとされ、その方向ばかりが強調されすぎていて、なんだかみんなの発想や行動が窮屈になっている気がします。

皆さんも思い当たるところはないでしょうか。「あっ、これいいかも」と、自分の考えが浮かぶ瞬間、すごくワクワクして前向きなエネルギーがあふれてくるのに、上司や先輩、あるいは友達などに「データないし、難しいと思うよ」と否定された途端に、気持ちが萎えていくような……。

それって、本当はおかしなことです。

そもそも、「ロジカルシンキング」というのは、相手にダメ出しをしたり、行動にブレーキをかけるためのものではなく、仕事やプライベートなど、いろんな場面で「それ、いいね」と言われることを増やすためのもの。

つまり、最初の「これ、いいかも」という発想やブレークスルーをもたらしてくれる行動を後押ししてくれるものなのです。仕事やプライベートで困ったことがあったとき、「たとえばこう考えてみたら」と視界を開かせてくれて、「あっ、その発想があった！」と、前に進む力をくれるのが、本当の「ロジカルシンキング」です。

なのに、最初からロジカルありき、答えありきで「データ的に無理」「そんなのは実績がない」と、新しい発想をすることをやめたり、やめさせたりするのはもったいない。データのいうとおりにすることが「ロジカルシンキング」ではありません。データは、あくまで、クリティカルに観察するべき対象です。

そこから自分だけのユニークでぐっとくる発想を導き出せるのが「論理思考」の本当の価値であり面白さです。

皆さんの「これ、面白いんじゃない？」というような「ひらめき」や「直感」をかたちにして実現させるために、この本が少しでもお役に立てば、本当に嬉しく思います。

2014年4月

大嶋祥誉

【参考文献】

『パラダイムの魔力』（ジョエル・バーカー／日経ＢＰ社）
『「怒り」を上手に消す技術』（吉田たかよし／ＳＢ文庫）
『「親の顔が見てみたい！」調査――家族を変えた昭和の生活史』（岩村暢子／中公文庫）

大嶋祥誉（おおしま さちよ）

センジュヒューマンデザインワークス代表取締役。エグゼクティブ・コーチ、組織開発・人材育成コンサルタント。上智大学外国語学部卒業。米国デューク大学Fuqua School of Business MBA取得。米国シカゴ大学大学院人文科学学科修士課程修了。マッキンゼー・アンド・カンパニーでは、新規事業の立ち上げ戦略、全社戦略立案、営業戦略立案などのコンサルティングプロジェクトに従事。その後、ウイリアム・エム・マーサー、ワトソンワイアット、グローバル・ベンチャー・キャピタル、三和総合研究所にて、経営戦略や人材マネジメントへのコンサルティングおよびベンチャー企業支援に携わる。2002年より独立し、エグゼクティブ・コーチング、組織変革コンサルティング、チームビルディングやリーダー開発に従事する。

マッキンゼー流
入社1年目ロジカルシンキングの教科書

2014年4月30日　初版第1刷発行

著者　大嶋祥誉
発行者　小川 淳
発行所　SBクリエイティブ株式会社
〒106-0032 東京都港区六本木2-4-5
電話 03(5549)1201(営業部)

装丁・本文デザイン　轡田昭彦＋坪井朋子
執筆協力　ふみぐら社
編集協力　株式会社友人社
編集担当　吉尾太一
印刷・製本　中央精版印刷株式会社

ISBN978-4-7973-7698-2